まちづくりブックレット8

まちづくりにおける「対話型市民参加」政策の見た夢と到達点

―京都市2010年代の「カフェ型事業」の経験から

コミュニティ政策学会 監修　谷亮治・深川光耀・北川洋一・江藤慎介・篠原幸子・乾亨 著

JN056097

東信堂

「まちづくりブックレット」を手にみんなで考えよう

地域コミュニティとコミュニティ政策について、市民たちが自分ごととして考えていける素材を提供することを目指して、このブックレットシリーズを刊行します。

コミュニティ政策学会は、すでに2013年から『コミュニティ政策叢書』を、東信堂のご助力を得て、刊行してきていますが、さらに裾野を広げて、一般の読者にも読みやすく分かりやすいブックレットを考えました。地域住民組織、地域まちづくり、地域福祉、地域民主主義、地域分権、地域のつながりなどなど、地域のことを考える共通の言論の場をつくりたいとの思いから、企画しています。

この小さな冊子を手にとって、ともに考えてみませんか。

2020年1月
コミュニティ政策学会

はじめに

本書は、二〇二三年三月六日に実施された、コミュニティ政策学会第二一回シンポジウム「まちづくりにおける「対話型市民参加」政策の見た夢と到達点　京都市　二〇一〇年代の「カフェ型事業」の経験から」（オンライン開催）の記録を基に書籍用に編集したものである。

本シンポジウムの趣旨は以下の通りである。二〇〇〇年代から現在に至るまで、各地の自治体で、「対話型市民参加」とでも呼びうる一連のコミュニティ政策群が見られるようになった。ここでいう「対話型市民参加」とは、「誰もがフラットに参加できる交流と対話の場を自治体が用意するというもの」と要約できる。この場を通じて、市民の意見を吸い上げたり、市民自らによる公共的なまちづくり活動が生み出されたりすることが期待されてきた。京都では、こういった狙いから公的な対話の場を提供する一連の事業群を「カフェ型事業」と呼んできた。「カフェ型事業」は、二〇〇八年に開始された「京都市未来まちづくり一〇〇人委員会」に端を発し、その後、京都市の全区役所へと普及し、サービスとして標準化されていった。その意味では、京都市はこの対話型市民参加を先行して実施した自治体の一つであったと言える。

このようにカフェ型事業は京都市においても、新しいまちづくり支援政策として取り組まれてきたが、二〇二三年三月現在、区によっては事業の実施を見送っているか、そもそも実施の計画をしていない、あるいは事業の終了を明らかにしている、というケースも少なくない。二〇二〇年代に入って、トレンドの移り変わりがあるように見て取れる。

二〇一〇年代の京都を彩った「カフェ型事業」のトレンドとは、一体何だったのだろうか？一体どんな期待が語られ、何が行われ、どんな現実が顕になり、そして、当初の期待はどのように実現してきたのか、あるいは、期待と異なる事態が生じてきたのだろうか。

無論、本シンポジウムは、これらの問い全てに答えを出せるものではない。ここで結論を出すというよりも、この問題を政策議論の俎上に上げるきっかけとして位置づけるものであると考えている。京都市におけるカフェ型事業の一〇年を、対話型市民参加の場づくりの意味や限界まで射程に入れて振り返ることで、対話型市民参加の今後を考えることを目指して実施された。本報告がこれから多くの研究者、実践者の議論のきっかけとなることを期待している。

登壇者は以下の通りである。

■メインファシリテーター

- 深川 光耀 氏（コミュニティ政策学会理事）

パネラー

- 北川 洋一 氏（京都市役所右京区長。一〇〇人委員会を当時担当）
- 江藤 慎介 氏（「みんなでつくる 左京朝カフェ」企画運営チーム 代表）
- 深川 光耀 氏（コミュニティ政策学会理事。花園大学社会福祉学部専任講師。「中京マチビト Café」を担当）

・篠原 幸子 氏（ＮＰＯ法人 場とつながりラボ home's vi。「伏見をさかなにざっくばらん」を最終年度担当）
・乾　亨 氏（コミュニティ政策学会 研究企画委員長。立命館大学産業社会学部名誉教授）
モデレーター
・谷　亮治 氏（コミュニティ政策学会理事。京都市まちづくりアドバイザー）
コメンテーター
・乾　亨 氏（コミュニティ政策学会副会長、研究企画委員長。立命館大学名誉教授）

目次／まちづくりにおける「対話型市民参加」政策の見た夢と到達点
——京都市二〇一〇年代の「カフェ型事業」の経験から

1 開会挨拶

深川：ではこれより、コミュニティ政策学会のシンポジウムを始めます。本日進行を務めます、花園大学の深川です。どうぞよろしくお願いいたします。

本日のパネラーをご紹介いたします。

まず一人目は北川洋一さん、現在右京区役所の区長でいらっしゃり、一〇〇人委員会を当時担当されていた方です。

次に、各区のまちづくりカフェ型事業に関わられたパネラーです。

江藤慎介さん、左京区の取り組みを紹介していただきます。

次に私、深川です。「中京マチビト Café」の話題提供をいたします。

四人目に篠原幸子さん。「場とつながりラボ home's vi」に所属されており、「伏見をさかなにざっくばらん」を担当されています。

五人目に乾亨先生、コミュニティ政策学会の研究企画委員長です。

最後、パネルディスカッションのところでは、本研究会理事の谷亮治さんにモデレーターを務めていただきます。京都市まちづくりアドバイザーとしても各区の事業をつぶさに見てこられました。

それでは開会にあたりまして、ご挨拶を名和田会長からお願いしたいと思います。

名和田：コミュニティ政策学会の会長を務めております、名和田と申します。今日は非常にたくさんの参加があり、大変うれしく感じております。また勉強になるなと思って楽しみにしているところです。

コミュニティ政策学会は他の学会とちょっと違ったところがありまして。よく「業界学会」という言い方をするんですが、法律学や政治学、社会学、都市計画学、そういう学会というのは一つの業界を背負っていて、多くの大学にそれ用の学科があって、それと連動しながら学会誌の発行や大会の運営をしています。この学会に所属していることが業界で生きていく条件になっていると言っても過言ではない。だからそんなに活発にやらなくても会員が逃げないわけです。

しかしコミュニティ政策学会は業界学会ではありません。あくまでもコミュニティ政策に関心を持つ研究者、実践されている方々が自主的に集まって盛り立てている、そういう学会であります。学会活動そのものが人々を引きつける要素ですので、なるべく魅力的な学会となるように、会員、理事の方々と協力して進めてきたつもりであります。

今日は非常に勉強になるというか楽しみな企画で、京都市でずっと手がけられてきました対話型市民参加について、かなり詳しく学べるということで大変楽しみにしております。今日はこれからほんのわずかな時間ですけれども、私も学びたいと思います。どうぞよろしくお願いいたします。

深川：名和田会長、ありがとうございます。ではこれより、報告に入ります。

はじめに谷理事から、このシンポジウムの到達目標を話していただきたいと思います。では谷さん、お願いいたします。

2 基調講演

1 対話型市民参加の変遷

谷　亮治

ただいまご紹介にあずかりましたコミュニティ政策学会理事の谷でございます。

今日のテーマ、まちづくりにおける「対話型市民参加」政策の見た夢と到達点、なんだか大仰なタイトルになっています。これは一体どういうことなのかということを今からさらっていきたいと思います。このシンポジウムにおける「対話型市民参加」という言葉ですけれども、これは特に学術的に確立された概念ではありません。強いて言うと、「市民、誰もがフラットに参加できる交流と対話の場を自治体が用意する政策」と要約できる取り組みを、このシンポジウムのために便宜的に名付けたものだとご理解ください。

この「対話型市民参加」、九〇年代の京都では、議題や参加者の属性を自治体が事前に規定して実施するケースが多かったです。例えば特定の橋を架けるとか、公園を造るとか、そういった公共財の建設や維持に関わる合意を作る場合や、健康や防災など市民の方の生活に資するサービスを実施するときに、それをやってくれるボランティアの方を集めますみたいな形で、行政がテーマを掲げてメンバーシップを作るというようなものが九〇年代には主流でした。

2　新しい対話型市民参加の形としての「カフェ型事業」

それに対してゼロ年代末から二〇一〇年代に目立って現れたのが、行政があらかじめ議題や参加者を指定するのではなくて、議題や参加者の属性の規定が自治体によって事前になされていないケースでした。例えば二〇一〇年代に主に実施された、公的な対話の場を行政が提供する、一連の事業群というのがあって、一般に「カフェ型事業」と呼ばれてきました。おそらく今日ご参加の方々の何割かは、このカフェ型事業に実際に自分が参加していたとか、自ら企画していたという方もおられると思うので、ご自身の体験を思い出していただければよいのですが、こういった二〇一〇年代に主に各区役所で実施されたものがカフェ型事業と呼ばれるものでした。

そしてこのやり方は、京都市においては二〇〇八年に開始した、「京都市未来まちづくり一〇〇人委員会」(以下、一〇〇人委員会)という取り組みを皮切りに(詳細は北川氏より報告)、二〇一六年までに京都市の一四区支所に普及しました。つまり全区に標準装備された取り組みだったんですね。わずか五〜六年の間に全区に普及するというのは、京都市にとってもかなり戦略的に重要な意味を持っていた取り組みだったのだろうということが、ここから言えるかと思います。

3　京都市の対話型市民参加事業の概要

さて、では京都市の各区役所が主催した対話型市民参加事業はどんなものだったか。一通り一覧にしてみました。

京都市の各区役所が主催した対話型市民参加事業
京都市未来まちづくり 100 人委員会（2008 〜 2016）
下京町衆倶楽部（2011 〜 2012）
※参考　SHIMOGYO ＋ GOOD（2020 〜継続中）※下京区まちづくりサポート事業採択団体が対象
みんなでつくる左京朝カフェ（2011 〜継続中）※ 2012 年から市民グループと共同実施
中京まちづくりサロン → 中京マチビト Café（2012 〜継続中）
ふらっと・西京（2011 〜 2018）→ 西京結び（2017 〜 2018）→ 西京みらまち結び（2019 〜 2021）
まちづくりカフェ＠東山（2011 〜 2021）
北区つながるワークショップ（2012 〜 2022）
伏見をさかなにざっくばらん（2012 〜 2020）※ 2011 年度はテスト実施
大好き！やましな魅力発信プラットフォーム（2012 〜 2014。2015 から京都橘大学との共同運営メールグループに転身）→ やましな GOGO カフェ（2014 〜 2019）
まちづくりキャンパス＠右京（2013 〜 2020）→ 右京かがやきミライ会議（2019 〜 2020）→ 右京コトハジメテラス（2021 〜継続中）→ machiko カフェ（2021 〜継続中）
おとなだいご塾（2014 〜 2016）
上京朝まっ茶カフェ（2015 〜 2019）→ 上京朝カフェ（2019 〜継続中）※いずれも市民主体の交流会
深草まるごとつながりネットワーク（2015 〜 2019）
上京！ MOW（2016 〜至現在）
みなみなみなみ（2016 〜 2020）

※京都市役所各区役所ウェブサイトより筆者作成

ただしこれは暫定版です。というのも、この全区の情報をまとめた一覧表というのは公式には存在していないからです。本資料は、今回のシンポジウムのために私が各区のウェブサイトを参照して作成しています。そのため、ウェブサイトに載っていないものや詳細が書いていないものはここには反映されていないし、やっているけれどもウェブサイトに出ていないものがあった場合、反映されていないことはご了承ください。

一〇〇人委員会の後の、おおよその歴史を振り返ってみましょう。まず二〇一一年に「下京町衆倶楽部」が始まり、二〇一二年まで続きます。中京では「中京まちづくりサロン」が二〇一一年に始まっています。同年に「ふらっと・西京」、「まちづくりカフェ@東山」も始まっています。これらが全区の中で先駆けて始まったカフェ型事業と呼ばれるものでした。その後、二〇一二年度には「北区つながるワークショップ」、「伏見をさかなにざっくばらん」、「みんなでつくる左京朝カフェ」、「大好き!やましな魅力発信プラットフォーム」など、各区に普及していくという過程がありました。そして二〇一六年度に「上京!MOW」、「みなみなみなみ」が開始して、全区に一通り、このカフェ型事業と呼ばれるものが出来たということになります。

ただ間違えてはいけないのが、これはあくまでも京都市行政が主催しているものに限った話である、ということです。市民が主体でやっていたもの、例えば二〇一五年度に「上京朝まっ茶カフェ」というのが始まっていますが、これなどは基本的には市民が主催する交流事業ですので、この一覧の中では例外的な位置付けにしています。また、「下京町衆倶楽部」も二〇一二年に区役所の取り組みが終わった後、同名の市民主体組織として活動されているとウェブサイトに書かれています。そういった区のハンドリングから外れた例外的なものについては、ここでは外されているということだけご了承ください。

この図からも、各区に普及していった一方で、中止されているもの、もしくは終了したものに、今も続いているものと、実はバリエーションが出ていることも分かると思います。

4　対話型市民参加事業に近似する先行研究

次に、カフェ型事業というものをどのように学問的に位置付けたらいいのか、ということを考えていきます。実は、京都市のカフェ型事業を対象として取り上げた論文は、今のところ寡聞にして存じ上げないというのが実情です。そこでここでは、近接する既存の研究を三つほど参照することで、どのような意味があったのかを考える手掛かりを探していきたいと思います。

第一に、坂倉杏介先生をはじめとするグループが「コミュニティマネジメント」（中央経済社）という本を二〇二〇年に出版されています。主に関東圏で取り組まれたコミュニティ政策について研究したものです。関東圏では主に都市部で、従来の固定的な地域組織ベースの地域活動から、地域組織に限定されない、人々の開放的なつながりをベースとした地域活動にすでにシフトが起きていると指摘しています。そのような状況でまちづくりを進めていくためには、メンバーシップの固定した組織体だけでは十分ではない、多様な人々が出入りし、対等な立場で語り合える安心・安全な場を作ることが必要であると主張されています。ここで言う対等な立場で人々が語り合える安心・安全な場のことを、この本の中ではコミュニティと呼んでいて、そういったコミュニティを作ることをコミュニティマネジメントと言っています。このコミュニティの中で人々の新しい関係、つまり既存の枠組みを超えた新しい関係性、組み合わせが起こることで新しい活動や取り組みが生み出されていると述べています。

このような形で生まれる活動を便宜的に「ローカル・イノベーション」と呼び得るだろうと思うんですけれども、コミュニティマネジメントを通じてまちづくりを進めていこうという考え方が、関東圏では主に語られているという話です。京都のカフェ型事業においても、地域組織に限定されない、既存の枠組みを超えた新しい関係性、組み合わせが起こることで新しい活動や取り組みが生み出されてきました。まさにここでいうローカル・イノベーション的な効果が生じていたといえるでしょう。

第二に、伊藤雅春先生の「熟議するコミュニティ」(東信堂、二〇二一年)という本を取り上げます。伊藤先生は各地でまちづくりワークショップを運営してきた経験から、多くの人々は見ず知らずの他者と話し合うことを求めていると確信した、と言います。このような、見ず知らずの他者と話し合うことを熟議と呼ぶ、というのですね。

ただこの熟議の経験は身内ばかりの集まりだと得られないとも言います。当然ながら、身内ばかりですから、知らない人と語り合うという経験が得られないからです。そういう空間のことを、身内ばかりで安心なんだけれども知らない人とは出会えないという場という意味で「親密圏」と呼ぶと伊藤先生はいいます。かといって、知らない人と話そうと思って道行く知らない人に話しかけても、それはやっぱり安心した語り合いにはなりません。こういう道行く人とつながるみたいな、疎遠な関係のことを「公共圏」と呼びます。この公共圏の中でも見知らぬ他者と話し合うという欲求は抑圧されているというわけです。確かに、いきなり知らない人をナンパして、まちづくりについて語り合いましょうと言うと、だいぶ怖い感じがします。

ですので、見知らぬ他者と安心して語り合う、つまり熟議への欲求を引き出せるようにするためには「親密圏」と「公共圏」の間にある空間が必要だと伊藤先生はおっしゃっていて、それを「コミュニティ圏」と呼ぼうと提案されています。「コミュニティ圏」というのは信頼をベースにした熟議の場です。ここでの語り合いを行政が主催することによって、議会や行政が一方的に物事を決めるのではなく、自治体行政に市民が参加する回路が出来ると予見していて、これを「コミュニティ・デモクラシー」と呼ぼうと主張されています。京都市のカフェ型事業でも、誰でも参加できるという性質上、身内に限らない多様な人々の出入りがあり、そこで信頼に基づく対話が行われていましたし、そこでの対話が行政にとっても参考になる意見を得られる回路として機能していた面は確かにあったと思います。

第三に、一〇〇人委員会を研究された方で杉岡秀紀先生の研究を紹介します。杉岡先生は一〇〇人委員会で行われた対話の営みを、次世代の市民協働政策と見なせる、とおっしゃいました。このような対話のあり方を「フューチャーセッション」と呼ぶといいます。

フューチャーセッションとは、以下のような四つの特徴を備える場であると杉岡先生は言っています。一つ目が多様な人がいつでも課題を持ち込み、オープンに対話できる創造的な空間があること。二つ目がステークホルダーを招集し、セッションではホスピタリティを持って迎え入れ、参加者全員が気持ちよく創造的な対話をし、それまで接点のなかった人同士が問題解決のために一緒になってアクションを起こしていく場をつくるファシリテーターがいる、つまりほったらかしの場ではなくて、ちゃんと場を運営するファシリテーターがいること。三つ目に様々な対話の手法や問題解決の方法論を目的に応じて活用する場所であること。そして四つ目にステークホルダー同士の関係性づくりを促すこと。この四点を備える場がフューチャーセッションというものであり、京都市の一〇〇人委員会というのは、まさにこれだったのではないかと杉岡先生は言うわけです。

ちなみに、フューチャーセッションというのは別に京都だけで行われていたわけではなくて、一九九〇年代にヨーロッパで発祥して、その後、二〇以上の政府や企業に設置されていくようになっていったそうです。このフューチャーセッションが行われる場のことをフューチャーセンターと呼ぶようです。日本では富士ゼロックスが二〇〇〇年に始めたものが最初であると言われていて、その後、コクヨや東京海上日動システムズなど、有名な企業が自身のパフォーマンスを上げていくために始めたり、さらに、自治体や大学、NPOでもフューチャーセンターを設置するようになったりしていったと言っています。

杉岡先生のいうように、一〇〇人委員会がフューチャーセンターとしての性質を持っていたとするならば、その方法論を受け継いだ各区カフェ型事業というものも、程度の差はあれフューチャーセンターとしての役割を果たした側面があったのだろうと思います。

5　先行研究に照らしたときの京都市の対話型市民参加事業の位置付け

さて、ここまでの先行研究を整理して、京都のカフェ型事業というものが一体どういうものだったのかということを、少し理論的に整理してみたいと思います。

まず伊藤先生のおっしゃるように見知らぬ人の集まり、つまり公共圏だけではしんどい、かといって身内に閉じる親密圏だけだと広がりがないし、じり貧である。閉鎖的なメンバーシップ制ではなく、誰でも参加できて、かつ安心・安全な対話が可能な、つまり親密圏と公共圏の間にあるコミュニティ圏を作っていく必要がある。これを坂倉先生はコミュニティマネジメントと呼びました。そういったコミュニティの場を通じて期待できることは、一つは意図せぬ出会いから新しい地域活動を生み出せるようになる。つまりローカル・イノベーションを起こし得ること。もう一つが、見知らぬ他者との対話を通じて公共事業へ参加することができるようになる、コミュニティ・デモクラシー的な営みです。そして創造的な問題解決の場になる場合もある、つまりフューチャーセンターになる場合もあるだろうと。このカフェ型事業で営まれたものを理論的に説明するなら、このように言うことができると思います。

ただ、ここまでご説明してきた話というのは、あくまでも京都市で営まれたことを客観的に既存の理論に当てはめると、そう説明することもできるという話でしかありません。実際問題どうだったのか、という検証はまだなされていません。

確かに京都市の各区で主催されたカフェ型事業は杉岡先生もおっしゃるように、フューチャーセンター的な特徴を備えていたと言えます。第一に誰でも参加できる開放的なメンバーシップがあったこと。ただし一〇〇人委員会はメンバーシップ固定です、委員制をとっていましたが。それは例外だとしても、各区で営まれたものについては基本的には開放的なメンバーシップでされていました。第二に議題設定に関する参加者主導です。つまり参加者が誰でも議題を持ち込める場である。第三に上下関係ではないフラットな対話が可能であること。第四にファシリテーターが存在すること。このような特徴を備えていることを見ると、先の先行研究で見たようなコミュニティマネジメントの営みであり、フューチャーセンター的なものと呼ぶことができる面もあったと言えるでしょう。そしてこういった場を市民の暮らしに最も身近な行政レベルである区政の場で、市民の対話の場をインフラとして提供してきたことについては、京都市のコミュニティ政策は特筆に値するのではないかと思います。

6　本日の問題設定

ただ一方で、現在では中止を明らかにしている区もあるように、明らかなトレンドの変化が見えると思います。一〇〇人委員会から二〇一六年にかけて一気に全区に普及した後、終了していくところも出てきた。ここまでの理想的な説明を見ている限りだと、特に辞める理由がないんですね。しかし現に終了していっているということは、何か理想と異なる現実が起こったのではないか。

ではそれはどういう流れでそうなったのか。それもよく分かっていません。つまりこの取り組み、なんらかやってみて成果と課題があったはずなんです。それは坂倉さんらが言うように、今後もし、こういった方法論にまちづくりが頼っていく可能性があるとするならば、ここでこの一〇年の間、京都市で試みられて得られた成果と課題というものは顧みられて良いだろうと思うわけです。

実際に企画していた中の人たち、例えば主催者にしろ、今日ご参加されている方もそうだと思いますけれども、このカフェ型事業に参加していた人たちにしろ、そういった方々がどんなことを考えていたのか、何を目指していたのかを明らかにした研究は今のところないように思います。先ほども言ったように、もしもなんらかの課題があったとするならば、それは振り返っておきたいという話です。

もっとも、今日はゴールではなくスタートの場であると私は思っています。本日の限られた時間の中で、京都市の一〇年にわたって各区で実施されたカフェ型事業の全容を明らかにするということは当然ながらできるものではありません。今後も多くの方々による継続的な研究を必要とするものであると私は考えています。その意味で、今日のシンポジウムに参加したら京都市のカフェ型事業の答えが分かるというものではなくて、あくまでもこの題材を研究の俎上に上げるための第一歩と位置付けたいと思っています。

何よりもカフェ型事業を考える意味では、これが正しい態度なのではないかと思います。つまり誰かが一元的に決めるのではなく、みんなとの対話の中で決めていく、考えていく、答えを出していくということこそ、カフェ型事業のあるべき姿なのではないかと思うので、あえてこのようなスタンスで今回のシンポジウムを企画しました。その意味で、今日、答えが分かるはずだと思って来られた方にはごめんなさい、もしかしたら肩透かしになってしまうかもしれませんが、ぜひあなたが思っておられるカフェ型事業はこうだったんじゃないかという知恵を私たちにご提供いただけるとうれしいと思っております。

その上で本日の到達目標としては、京都市のカフェ型事業と呼ばれる一連の政策群が、当初は一体何を目指して始められて、その理想が普及の過程でどう変化していったのか、そして一体どこにたどり着いたのか、という問いを切り口として、今後の対話型の取り組みについて考えていく手がかり、論点を洗い出したいと思っております。そのことがこれから対話型の市民参加事業に取り組まれる自治体や、これから対話型市民参加事業の研究に取り組もうとする研究者、あるいはこういった場に参加される市民の方々にとっても有益な示唆になるのではないかと思っております。

ここまでの問題設定を踏まえ、パネラーのご紹介をします。まずは一〇〇人委員会、つまりこのカフェ型事業のオリジナルに取り組まれた北川さんを筆頭に、左京、中京、伏見に関しては京都市のカフェ型事業での最初期から始められたもので、かつ一〇年という長きにわたって継続されたケースであるということで有益な示唆が得られるだろうということでお声掛けをしました。それでいくと実は東山も本来は声を掛けないといけないんですが、残念ながらわれわれ学会のネットワークの及ぶところではなく、東山の関係者を招いてのシンポジウムはぜひ別の機会にやってみたいと思っております。

今日はこのパネラーの方々の語りを聞くことを通じて、カフェ型事業について考える手がかりを得ていきたいと思っております。以上、私からの話題提供でした。

深川：谷さん、精緻な整理をありがとうございます。一〇年経って初めて振り返りの一歩目を踏み出すという機会だと思っております。カフェ型事業の源流にあたる一〇〇人委員会、まずそこから始め、各区のカフェ型事業を見ていきたいと思いますので、ここからは北川区長にバトンを渡します。

3　京都市未来まちづくり一〇〇人委員会の事例報告

1　一〇〇人委員会の概要

北川洋一

皆さん、こんにちは。ただいまご紹介いただきました京都市役所の北川と申します。肩書きは右京区長というのが付いていますが、以前にこの一〇〇人委員会に結構ディープに関わらせていただきました。この政策自体が終了するところまでを見届けたという意味で、私に白羽の矢を立ててもらったのかと思っています。

まず自己紹介をいたします。私の京都市役所でのキャリアを振り返って見ますと、大体三分の二ぐらいが市民参加、市民活動、協働に関わる部署でした。かなり市役所職員の中でも特異なキャリアなのではないかと思います。その中でもこの一〇〇人委員会というのは五年間、私が二〇一一年から在籍しておりました市民協働政策推進室で課長をしている時に関わった経緯があります。

一〇〇人委員会について、まずは最初にざっくりとどういうものかをお話ししたいと思います。二〇〇八年度から二〇一六年度まで実施されていた京都市の事業です。後ほど詳しく説明しますが、オープンスペーステクノロジー（以下、ＯＳＴ）という手法を駆使して、多様な人たちが対話を行う「京都きずなサミット」というイベントが二〇〇八年にありました。これに参加された当時京都市教育長だった門川大作氏が、「これはすごいじゃないか」とＯＳＴという手法に感銘を受けられて、市長選出馬にあたりマニュフェストに、その手法に則った場の創設を謳ったのが発端となりました。その後、門川市長が誕生し、これが事業化されていくことになりました。一〇〇人委員会の運営はＮＰＯに委託しました。委員については、一般公募と運営をするＮＰＯからの推薦で集められた約一〇〇人（実際には一〇〇人以上）が市長から委嘱をされるという、ある種の審議会のような付属機関のような形態をとっています。一般に付属機関の委員を

2022/03/06
2021年度コミュニティ政策学会
シンポジウム
京都市未来まちづくり100人委員会
～二兎を追った壮大な社会実験～
京都市右京区長　北川洋一

写真 3-1

やりますと報酬がありますが、これについては無報酬です。二〇〇八年から二〇一六年までの間に、総勢約四五〇名の市民が委員として参加しています。

一〇〇人委員会では、委員各々の問題意識に立脚をして、委員間の対話を重ねて取り組む課題を決めます。委員同士だけでなく、時には京都市の担当部署職員など外部の人間をそこに引っ張り込む場合もありました。そのメンバーでチームを作って活動する。その活動していくプロセスを効果的に行うために、先ほど申し上げましたOSTをはじめとする様々なワークショップの手法を活用しました。

委員として活動するときは、チーム活動の費用は年間二〇万円を上限に京都市が負担をします。また委員を卒業されて、任期終了後もその活動を継続される場合については、やや少なくなりますが、京都市から補助金が出るという形で活動が続けられるという状況がありました。

2　OST（オープンスペーステクノロジー）という手法の導入

このOSTというのは、ハリソン・オーウェンという人が提唱した「開かれた場づくりの技術」ということです。OSTとは、参加者が気兼ねなく自由に話ができる開かれた場を主催者が用意する、そこで話し合うテーマはすべて参加者に委ねられるという会議の手法です。例えば「〇〇を変えたい」「〇〇を実現したい」など、参加者自らが取り組みたいテーマを提案します。テーマ提案者の話を聞いて自分もそのテーマに貢献できると思った他の人たちと対話を重ねる、向き合ってしっかり話をする、そして協力し合って、実現のための行動計画を作る。まさに参加者の「情熱」「責任」「ボランティアの精神」を引き出して、ここに最大限の期待をするという場づくりです。

一般的なOSTのプログラムとしましては、まず全員が集まってルール説明があって、「何かこういうことを考えたいねん」と思っている方がテーマ提案者となり、簡単にプレゼンをします。そのテーマに共感をした人々が、提案者を囲む分科会というのが設定されて、「どこどこで何時からやりますよ」と。それを見て、提案者以外の人たちは、ここの分科会で話をしてみようと思ってそこに名前を書いて登録をします。

参加者は分科会に分かれて、その提案者を中心として一人一人がしっかり向き合う形での対話を行っていきます。最初に思っていたものと違うと思ったら、途中で変えてもいいというルールになっています。テーマ提案者以外の参加者の主体性を尊重するということです。

分科会が終わりましたらもう一度、みんなで集まりまして、対話を重ねた成果を生かして参加者各々が、ある課題を解決するためにこういうプロジェクトに取り組みたいというような企画を提案します。「それに賛同してくれる方は来てください」「この指止まれ」というのをやります。それでチームができて、実際に実行に向けた活動が進んでいくという流れのものです。まさに未来まちづくり一〇〇人委員会、特に第一期から第三期というのはこのOSTのプログラムに沿って非常に忠実に進められた会であったと思います。

3　一〇〇人委員会が期待した二つの効果

次に、一〇〇人委員会に託された夢はなんだったのかを少し振り返ってみたいと思います。あくまで場を設ける側としてはどういうことが起こることを期待していたのかということです。大きく二つあります。

第一に、「社会問題の解決」です。谷さんが冒頭で仰っていた、ローカル・イノベーションです。多様な経験や背景を持つ人々が協働することで、いろんな方の知恵が寄せられます。それによってこれまで役所が手を付けられていなかった社会問題の新たな掘り起こし、それから役所がいろいろやっていたけれども、対応策が手詰まりとなっているような社会問題、これに対する新たな解決策が見いだされるのではないか。そしてその解決に向けて、それを行政にそのまま「後は役所でやってね」ではなくて、市民主導でなんらかの活動が推進されるかもしれない。それが一つの大きな期待であります。

第二の期待は「市民参加」です。ここで言う市民参加というのは、行政の活動に対して市民が意見を述べて反映させるというような、いわゆる政治学的な意味での市民参加というよりは、いろいろな社会問題に対して、市民一人一人がそこに関心を持ち、考えて、自ら行動する新たな機会を作るというような意味です。この機会に多様な経験や背景を持つ人たちが交わり、一緒に行動することによって、市民性がさらに向上する機会になるのではないかと。こういった新しいつながりづくりと、一人ひとりの市民性の向上を契機に、新たな市民主体の活動が醸成されていく、ローカル・イノベーションが起こるのではないか、という期待をしていました。

このような二つの期待があったわけですけれども、主催者としては「ではどちらに重きを置くのだろう?」というのが、実は常に大きなテーマでした。この一〇〇人委員会にはたくさんの予算をつぎ込んでいましたから、そのお金の使い道がどんな結果を生んだのかをわれわれは対外的にしっかりと説明しなければならない。市民の方々にしっかり説明しなければいけない。ではどちらに重きを置いてこれを説明していくのか。これがわれわれにとっての大きな問題だったと思います。しかし期待されていたことが二つあることは間違いないし、できれば「二兎を追いたい」と思っていました。

4　一〇〇人委員会の委員と運営体制

第一期〜三期はかなり連続性がありますので、ここでまとめて説明します。二〇〇八年〜二〇一一年まで行われていた第一期〜三期は、OSTなど様々なワークショップの手法を駆使して対話の場づくりに取り組むNPOと、地域のまちづくりに実績のあるNPO、二つのNPO団体のコラボで運営されていました。そして一〇〇人委員会には代表者がいました。代表者二名は委員みんなで選任しました。取り組むテーマの設定だけでなく、委員会運営そのものにも委員自身が関わる、きわめて民主的な運営をやりました。

一般公募と、運営団体から推薦された委員とで構成されるという話は先ほど申し上げましたけれども、この運営団体の推薦委員の方には、この時点で実績のある市民活動団体や地域団体のトップの人たち、それから企業人や学識者など、ある意味、京都のまちづくりのオールスターメンバーが揃ったと言えます。一期から五期までの間で、特に一期から三期の推薦委員には実績のある方がたくさんいらっしゃったということで言うと、この期が一番濃かったという印象を持っています。なお、委員は一年任期です。ただし、本人の意思でこれを更新することが可能になっておりまして、実に九六人の方が一期〜三期を通じて活動をしておられました。

第一期は、OSTを契機に発足した議題チーム、つまりこの問題について話をしたいということで出来ていった最初のゆるやかなチームで対話、議論を重ねまして、具体的な行動の目標を作りました。第二期以降、この問題を解決するためにこういうプロジェクトをしましょう、というような提案が新たにされまして、そこでまたこの指止まれが行われて、プロジェクトチームとして活動したということで、まさに先ほど説明したOSTの流れに沿った形で進められています。第三期では一〇〇人委員会、それぞれのプロジェクトチームだけではなくて、全体としての成果を目指したチーム横断の部会も設けられて活動をしていました。

5　一〇〇人委員会が生み出したローカル・イノベーション

では、この取り組みはどんな成果を生み出したのか。

ローカル・イノベーションでいうと、例えば地下鉄の利便性向上のため、地下鉄が非常に厳しい財政状況ということもあって、もっと市民が乗ることに取り組もうということになったチームがありまして、そこで作られたのが「ドアちか」というものです。つまり乗った車両のどのドアから下りればエレベーターや階段に一番近いかという案内板ですけれども、実は今も地下鉄の各駅に掲げられています。

また、京都の景観政策に合ったまちのデザインを考えていこうというチームがありました。いわゆる啓発看板は割と景観のことを考えずにいろんなものが存在する状況がかつてありました。しかし一方で、民間の看板は景観規制をしているんだから、京都市の看板もしっかりと景観条例に合ったデザインにそろえていこうということにこのチームは取り組み、新しい啓発看板のデザインを京都市と一緒に作りました。このように、京都市の施策にも取り入れられて、のちのちまで形に残る問題解決が複数件図られているというのがあります。

他には、子どもの保護者を対象に、子育て文化の継承と創造を目指す「ハッピー子育て塾」や、祇園祭の粽に使われるチマキザサが鹿の食害からどんどん少なくなっているという現状を受けて、これを再生しようという「チマキザサ再生プロジェクト」など、いくつもの優れたプロジェクトが一〇〇人委員会の任期終了後も活動を続けています。このプロジェクトを契機として二つのチームが後にNPO法人格を取得しています。

6　一期～三期の課題

しかし一方で課題もありました。

第一に、委員のモチベーションの問題です。一〇〇人委員会では委員として委嘱するわけですから、委嘱している期間内は委員として活動してもらいたいわけです。しかしながら自分が取り組みたいテーマに出会えなかったり、あるいは自分が取り組もうというテーマに仲間が見つからなかった委員というのは、チームが作れないいんですね。こうした人たちは次第にモチベーションが低下し、会議の欠席が目立つようになっていきました。そして任期を更新しないというような人も少なくはありませんでした。そういった人たちの受け皿の意味もありまして、三期には部会制を取り入れましたが、なかなかここだけでは全部吸収しきれなかったという問題があります。

第二に、委員間の経験値の差の問題です。まちづくりの実績・経験が豊富な委員と、社会活動的なものは今回が初めてという委員さんの両方が混在していました。これは本来非常に素晴らしいことですし、一〇〇人委員会のならではのウリでもあったのですが、委員間で情報量や意識、スピード感に当然差があるわけです。

まずは初心者の水準からスタートせねばならないことから特に意識高い系、実績多い系の委員のモチベーションがなかなか続かないというような問題がありました。オールスターが揃ったんですが、最後まで付き合っていただいたスターがそれほどいなかったのも事実です。

第三に、委員と運営団体との関係性の問題です。代表を置いて民主的、組織的な運営をしたと先ほど申し上げましたけれども、そういうことをやると結局、方針決定とか会議とかの手続が非常に多くなる上に、リーダー層が権威化してしまうんですね。そのため、せっかく専門家としてのノウハウを生かしてもらうために運営団体に委託をしていたのに、委員と運営団体の間に主従関係というか、委員側に発言権が強く生じてしまい、結局、運営団体の持つ力が、十分発揮できない場面がありました。

第四に、委員の役割期待のズレの問題です。これは結構実は大きかったです。京都市の政策施策に対して意見を述べて、それが一定尊重される審議会、付属機関のような形態をとったことで、一〇〇人委員会というのは、京都市に対して何か自分たちは意見、提案が出来て、それが尊重される場だと思って来られた委員の方も結構いらっしゃった。ところが市役所としては、みんなで考えて、ここにいるメンバーで何かやりましょうというスタンスだったので、これは違うぞと思われた。

あるいは自分たちで活動していても、自分たちが一〇〇人委員会で提案したことだから行政の方もそれを尊重してくれて、すっと乗っかってくれるだろうと期待をしておられた方々もたくさんいらっしゃったんですが、なかなかそうはなっていないんですね。先ほど、行政との協働がうまくいったケースもあると申し上げましたけれども、こういったチームは一から実績と信頼を積み上げていかれたんですね。

一〇〇人委員会からの提案だからすっとそれが進んだ、というわけではなかったのです。このことが、審議会的な役割を期待して参加した委員自身の不満にもつながった部分もあったのかと思います。

7　四期以降の改革

そうした課題を踏まえまして、第四期は形を変えました。どちらかと言うと、もっとオープンな場にしていこうというのが第四期、五期のテーマになっています。

例えば、一期から三期は委員個人の問題意識に基づいて委員自身が提案したテーマで活動をしていただきましたが、そうではなく、委員に限らずもっと広く市民の方からご意見を集めてテーマを決めよう、ということです。

このために実施したのが、無作為選出された市民を集めた「未来まちづくりミーティング」です。そこに来られた市民の方達が、ほっとけないと感じられる問題について、一〇〇人委員会の委員が解決に取り組むというスキームになっていました。ミニ・パブリックス、あるいはその進化版みたいな言い方もしていました。

この未来まちづくりミーティングをやるために、委員は二段階の募集を行っています。未来まちづくりミーティングの企画・運営・課題抽出を行う委員、コアになる人たち三〇名を五月に募集、これを通称五月委員と呼んでいました。そしてこの五月委員が未来まちづくりミーティングで抽出したテーマを公表しまして、それに貢献できる人を集める趣旨で、委員の追加募集を一一月にやりまして、ここで九〇名の人が参加しています。この人たちを通称一一月委員と呼んでいました。

無作為選出は、七、〇〇〇人の方を住民基本台帳から抽出し、この方々に「未来まちづくりミーティングという、皆さんのほっとけないと思える声を出していただく場を開きますので参加されませんか」という招待状を送る形で行いました。七、〇〇〇人に対して一〇八人の方が参加されています。この一〇八人という数字はまた絶妙ですよね。その一〇八人の方たちが語られた声を、全部で四二五に整理をし、それを「〇〇なち京都」という、実現したい京都の未来像の形で一六のテーマにまとめました。

そしてこの一六のテーマを公表して、このテーマに貢献できる人を一一月に募集したわけです。一〜三期は再任ができたのですが、今回、特に三期からだけ参加した人を除いて、一〜二期の委員の方たちの再任を認めませんでした。その結果、委員は三期までと比べてほぼ総入れ替えとなっています。一〜三期の任期は一年でしたが、四期は二年、一一月委員は少し短くて一年と半年弱ですけれども、再任はしないということで始めから言って募集をしています。

さらに京都市職員の委員も市役所の中で公募しました。つまり自分の所属とか、そういう肩書きを背負ってということではなくて、市民と対話していろんな問題解決をしていこうということに意欲を持つ職員を募集しまして、ここにも二〇名の職員が参加したいと応じています。

運営団体の主体性、マネジメントを生かすために、委員による運営会議形式は取りやめました。その代わり、運営団体に運営上の意見を述べる第三者によるアドバイザー会議を置くことで公正・公平性の担保をしていこうということでやっていきました。

改革の成果としては、まず無作為抽出会議参加者一〇八人の方の内の何人かが、一一月委員に応募されて委員になりました。つまり自分の意見を述べるだけの会議にたまたま招待状が来て、たまたま参加した人が、それを解決する側にも関わっていこうという意欲を示されて参加されたということです。市民が社会問題に関わる新たな機会の提供ができたのではないかと思います。

四期では、京の食文化の継承、利用者が持ち寄った本で公共の場を活性化する試み、子育て世代をターゲットにした多文化共生の学びの場づくりなど、委員メンバーを中心に、外の人も加えながらその後も続くプロジェクトが複数生まれています。

しかし一方で、課題も生じました。委員を二段階募集したために、チームとしての活動ができるのが、一一月委員が加わってからになるので、スタートが遅れます。一一月以降の始動、実際には年が変わってからの始動となってしまいました。さらに一～三期はテーマの提案をした人がそこにいるわけで、その人が中心に座っているわけですが、四期はそれがいないんです。つまり無作為選出で選ばれた市民の方たちの声から出されたテーマがそこにあるだけで、それを提案した人の思いが聞けないんです。そのため、テーマに集ったはいいものの、自分たちは何をしたらいいのかがなかなかまとまらず、具体的活動の決定までに時間を要して、任期内に十分に成果が出せないチームも多かったです。さらに付け加えると、無作為選出市民会議は、実施する側として、労力面、費用面双方で大きなコストがかかりました。

8　第五期の改革

そういった反省を踏まえて第五期では、委員としてそこにいない外の人たちとつながることに、四期以上にさらに重点を置くようにしました。また、この時点では各区役所でカフェ型事業が開かれはじめているということもありまして、区役所からの推薦の委員も入れました。

テーマ設定は、四期の反省から、委員自身の関心や問題意識をベースにやっていくことに戻しました。ただそのテーマに関しての当事者へのインタビューやアンケートをしたり、あるいはこんなことを考えていますという構想を市民に向けて発表したりして、そこで意見をもらうというような、広く市民との応答プロセスを経て活動内容を決めることにしました。また、一～四期の一〇〇人委員会委員や、各分野のパイオニアをゲストに招いて、プロジェクト推進や対外的アピールのノウハウや心構えを学ぶ場を設け、委員自身の意識と実行力の磨き上げに取り組んでもらいました。

その結果、いろいろなプロジェクトが出てきました。いわゆる課題にストレートにアプローチする解決型プロジェクトだけでなくて、もう少し柔らかい、例えば、マイナーな観光スポットを掘り起こそうとか、生活空間を緑化しようというような、どちらかと言うと価値創造型のプロジェクトも生まれています。しかし一方で、これは一～三期と同じ問題に陥ったんですが、関わるプロジェクトがうまく見いだせなかった、あるいは自分の思っていたことが出来なかった委員のモチベーションが下がって欠席するという状況もありましたし、また、任期終了後に続くプロジェクトが、五期は少なかったように思います。

9 「イノベーション」と「市民参加」の「二兎」は追えたのか?

ここまでの話を踏まえて、二兎を追った結果どうなったのか、を説明します。

まずイノベーションという面では、様々な社会問題に対応する市民発のプロジェクトが多く生まれたのは大きな成果であったと思います。しかし持続的な取り組みにつながったものや、行政の未着手領域に深く切り込めたものは、このあたりに京都市行政としても期待をしたんですが、それほどたくさんあったわけではないというのが実態であります。

　なぜかというと、先ほども言いましたけれども、やはり形のある成果の方がわかりやすいので、京都市側も求めましたし、委員の方々もそのように志向されました。任期のある委員として活動する枠組みでしたから、任期内になんとか形のある成果を出すために、活動の目標を無理のない高さに設定しがちになりまして、成果がこじんまりしてしまったのではないかという印象があります。そしてそこそこの成果を出して達成感を味わってしまうと、任期終了とともに活動継続の意欲が蒸発してしまうことも起こっていたのではないかと思います。

　他面、リーダーシップや専門性発揮を期待した経験豊富な委員の方たちが、なかなか取り組みが前に進められないことに辛抱しきれずに離脱していかれたということも、成果のこじんまり化に影響しているかもしれないと思います。

　もう一つの面、市民参加、市民性の向上という側面ではど

問題解決
二兎の背中との距離感でいうと結果はこんな感じか。

うかですが、参加された多くの委員の方たちが、活動後のアンケートなどで、様々な学びや気付きがあったと答えています。そして任期が終わってから、そのプロジェクト自身は委員会とともに終わってしまっていても、それを契機に別の社会課題に関わる行動を起こしている方が少なくなかったと思います。そういう意味では、大きな成果があったとは言えますが、その熱量が、他の市民にどれぐらい波及したかという点で言うと、期待したほどではなかったかもしれません。

委員にとっては、あまり出会う機会のない様々な立場・経験を持つ市民同士が、それぞれの利益を代表する、要するに肩書きを背負ってではなくて平場で話をする、そしてあるテーマに対してともに協力し合って取り組むという経験が非常に新鮮であって刺激的であったのだと思います。また、様々なワークショップの手法を繰り出したということで、非日常感が形成されました。それも効果としてあったのではないかと思います。つまり委員の方たちにとっては濃厚で、自分にとって有意義な場であったと考えられ、それをきっかけに自らの行動が変わっていくことにつながっているのではないかと思います。

逆に言えば、濃厚な時間を共に過ごした委員同士のコミュニティで共有されている熱量と、その外にいる人たちとの温度差がある意味当然の結果として生じてしまい、波及しなかったのではないかという気がしています。

先ほど二兎、どちらを追いかけるのか、どっちもだという話をしましたけれども、私の感じとしてどのぐらい追えたか、というと、市民が市民性を向上させるという意味では四五〇人の人たちに非常に大きなものを持って帰ってもらえたのではないかと思いますし、われわれとしても目指していた以上の成果があったと思います。しかしイノベーションということで言うと、正直に言えば、当時京都市役所が期待していたところには至らなかったな、という実感はあります。

10　一〇〇人委員会の後継事業

そういった反省を踏まえまして、未来まちづくり一〇〇人委員会の後継事業である「〝みんなごと〟のまちづくり推進事業」では、いわゆる委員という形で縛ることはしない、思い立ったらいつでも、だれでも提案できる設計にしました。そして提案者が経験豊かで、実行力が高いもの、つまり実現性が高くて今すぐにでも動き出した方がいいようなものは、迅速に協働のパートナーをマッチングしてスタートを図る。一方で、もう少し練り込んだ方がいい、あるいは提案者がもっと成長していくことが必要なものについては、それはブラッシュアップするためのプログラムを用意していくということで、提案者の経験値などに応じた形でのプログラムになっています。

この事業の一環で実施している「X Sector KYOTO」というイベントでは、提案者が、各分野での先行事例を、実行されている方から直接聞いて、さらに提案者相互が対話をする場が設けられています。まるで五期のまちづくり一〇〇人委員会のようです。ここには異なる立場と経験を持つ市民相互の対話と協働が市民性の向上に大きく寄与するという、一〇〇人委員会での知見が生かされているのではないかと思います。

最後に各区のカフェ型事業について言及します。未来まちづくり一〇〇人委員会の三期の実施中、二〇一一年七月にスタートしました「中京まちづくりサロン（後の中京マチビト Café）」を皮切りに、各区役所で展開されていきました。最初は市民相互の交流がメインでしたが、次第に相互の対話を通じて問題解決や価値創造につなげていこうというようなプロジェクト型に運営形態が変わっていった印象があります。

カフェ事業と一〇〇人委員会との大きな違いは、委員という枠組みで参加者を縛らない、出入り自由の場という形で運営されているという点であると思います。これが一気に広がった背景は、自然発生的なものではなく、市長が行政区版の一〇〇人委員会の展開をして欲しいという明確な指示をされたことに由来しています。このため、当時私がいました市役所の市民協働担当では、一〇〇人委員会で培ったノウハウを区役所職員などに伝えていく研修やアドバイザー派遣などをやっていました。

市民協働担当としても、未来まちづくり一〇〇人委員会を経験した元委員が、地域で新たに活動していく場として期待していた側面もあります。一〇〇人委員会のモデルがこういう形で広がっていったために、一〇〇人委員会が抱えていたジレンマ、すなわち「イノベーションに重きを置くのか、市民性の向上に重きを置くのか、あるいはその両方を追うのか」という私たちと同じ悩みに襲われる職員が市役所、区役所職員に多数発生したのではないかと思います。もっとも、ここでこの悩みを広げたことは、自治体職員として、市民参加の意義や果たすべき役割を考える貴重な機会となったのではないかとも思っています。

ここまで、発端を作った京都市役所職員の立場から話をしましたが、果たしてこの取り組みは市民の立場から見てとってどうだったのか。次のお三方にバトンを渡したいと思います。ご清聴ありがとうございました。

注

1　一〇〇人委員会の後継事業。京都市で起こっている社会課題・地域課題を広く俯瞰するとともに、自分たちの身近なテーマ「じぶんごと」を「みんなごと」として捉え直しながら、未来に向けた新たなプロジェクトを創出するプログラム。

二〇一九年度よりスタートし、二〇二一年度に終了した。四〇〇名以上が参加し、五ヶ月のグループセッション型プログラムでは約七〇名のセクターを超えた参加者が、それぞれの関心や問題意識をもとにプロジェクトチームに分かれ、一一のチームが誕生し課題解決を目指したアクションプランを検討、実践してきた。出典　クロスセクターウェブサイト https://x-sector-KYOTO2021.studio.site

深川：北川区長、ありがとうございました。一〇〇人委員会が、イノベーションと市民参加の二兎を追った結果、そのジレンマが、そのまま各区のカフェ型事業にまで広まったことが、カフェ型事業の捉えにくさにつながったのかもしれない、というのは、まさに長期にわたって市民参加行政に関わってこられた北川さんならではの解説であると思いました。このような経緯を受けて、各区のカフェ型事業では何が起きていたのか。左京区の取り組みを支えられている江藤さんから発表をお願いいたします。

4 みんなでつくる左京朝カフェの事例報告

1 左京朝カフェの概要

江藤慎介

左京朝カフェ企画運営チームの代表をしています江藤と申します。「みんなでつくる左京朝カフェ」（以下、左京朝カフェ）の一〇年間を振り返ってやってきたことをお伝えできればと思います。

左京朝カフェの目的、なんでやっているの？という話から始めます。「左京区民や左京ファンが出会い、おしゃべりをして、まちづくり活動の一歩を踏み出すプラットフォーム」だと、説明しています。左京朝カフェには区民だけではなくて、区民ではない方もたくさん来ていました。なんでこの人たちは来ているんだろう？と考えた結果、それは左京のファンだからじゃないか、という解釈に到りました。

先ほどの北川区長のお話にもありましたけれども、左京区でも二兎を追う、つまり出会いとか交流と、まちづくり活動の一歩を踏み出すというのを両方やっていました。よく参加者から問われるのが、「江藤さんはこれをした結果何をしたいんですか？どういう意味があるんですか？」というもので、「私はこの場づくりの運営はするけれども、この場所のある意味については参加者の皆さんがここでの体験を通じてそれぞれ見つけて欲しい」と言ってきたように思います。

主な活動は、いわゆる場づくりです。先ほどの一〇〇人委員会でやっていたようなことを左京区版でやってきたということです。これは年四回ぐらいやっていたんですけれども、区役所だけではなくて他のところでもやっています。それ以外に、イベントに左京朝カフェという団体で出店したり、左京朝カフェでできたグループをご紹介するようなＰＲイベント的なもので「左京大博覧会」というものを開催したり。二〇一九年、二〇二〇年には魅力を発信する「朝カフェ通信」を作ってみたり。それ以外に区内大学やまちづくり団体との協働の取り組みを実施してきました。

始めた当初は、たくさんの方々に集まっていただきました。いろいろ楽しんで話し合いながらみんなでやってきました。朝カフェは「対話の場だ」と言いながらも、「そもそも対話とはなんだろう？」というところから考えて試行錯誤もしていました。みんなで終わった後に写真を撮ったりしていました。先ほども言いましたように、イベントに出店するというところで、みんなで出て行って朝カフェに関わってもらった団体さんと一緒に、関わっている活動を紹介することもやっていました。先ほどの大博覧会でも活動成果を披露するようなことをやってきたりしました。

運営スタッフは七名います。ちなみに先ほどの一〇〇人委員会の出身の方もいます。それ以外は、Facebook の中で運営のやりとりをしていまして、そこを見ていくと左京区民だったり左京ファンの方々が最低でも一五名ぐらい、大学生の方々も当初から中期にかけては結構積極的に関わっていただいています。しばらく区役所と一緒にやっていましたが、今は区役所の手を離れ、左京区民、左京ファンだけでやっています。とはいえこの間も、区役所の方が異動を繰り返しながらおそらく一一〜一二名ぐらい、関わっていただいたと思います。それからまちづくりアドバイザーが、これも異動も含めて三名ほど関わってくださいました。

財源で言いますと、左京朝カフェはメンバーは固定ではないので会費は取っていませんが、毎回参加費はいただいていました。朝カフェの場合は話しながら食べられるようにお菓子や飲み物を用意していまして、その茶菓代で一回三〇〇円を当初はいただいていました。それ以外に、区役所と連動する中で、年間四〇万円から七〇万円ぐらい、いただいてやっておりました。それは二〇二〇年度までで、今年度については区からの予算はなくなったので、区役所の競争的な補助金を取りにいきました。一〇年間で計上すると五〇〇万円ぐらいの予算規模だと思います。支出については茶菓代、チラシ制作、スタッフ用ユニフォーム作成などで、一番大きいものがあるとしたら、イベント時の謝金や舞台制作など、どうしてもわれわれだけではできないようなことを外注してお金を払ってやってもらっていました。

広報については、広報紙、優先的に掲載してもらえました。左京区役所のホームページでも広報してもらったり、チラシを作ってもらったりしました。また、Facebook ページが当初からずっとあって、あまり更新頻度は高くないかもしれませんけれども運営してきました。今、一一六六人がフォローしてくれているページになっております。三〇代、四〇代の方々が多いサイトなのかなと思います。他の行政区のカフェ型事業のFacebook ページと比べても、なぜか左京区がトップに来ているという状況です。

2　左京朝カフェの発足経緯

次に発足の経緯を説明します。二〇一二年五月に最初の左京朝カフェが左京区主催で開催されました。当初、一二年の五月から七月までの計三回、朝カフェを開催することになっていて、私もそこに参加しました。三回で終わった上、続きがどうなるかというのが曖昧なまま終わりそうだったので、三回目のOSTで私がテーマ提案者として「左京朝カフェを継続したい」と提案しました。そのときに参加していた仲間が賛同してくれて一緒にやろうということになり、私たち区民主導で左京朝カフェを継続させることになりました。

継続するときには区役所もチームに入っていただき、区民や左京ファンで構成される区民スタッフと、左京区が一緒になって取り組む形を二〇二〇年度までずっとやってきました。これは他の区のカフェ型事業ではあまり見ない形態だったと思います。

なぜ左京朝カフェの継続を提案したか、という動機について説明します。私は普段仕事で自治体向けのコンサルタントをしていて、仕事としてワークショップの企画・運営はしてきたんですけれども、左京朝カフェは一市民の当事者として参加したかったのです。こういったワークショップの企画・運営は、区役所やコンサルタントではなく区民主体でも十分できるのではないかと思っていたのも、こういった提案をした動機の一つです。

また、「自分の住んでいる地域で自分のためのセーフティネットをつくりたい」という動機もありました。当時、私は左京区に移り住んで一年目ぐらいだったと思います。なかなか地域の縁、ネットワークが作れないんですね。移住者にとって町内会に所属するのはなかなか難しいし、かといって区役所レベルになると

写真 4-1

写真 4-2

広すぎます。そういったときに、もう少しゆるやかなネットワークみたいなものが住んでいる地域にあって、いつでもそこにアクセスできて、何かあったときに誰かに頼れて困らない、というものができるといいなとすごく思っていて、それを私は能動的に作ってみたいと思ったんです。

3　左京朝カフェの運営体制の特徴

朝カフェの特徴としては三点あります。

一つ目は、先程も申し上げましたが、「区民と区役所が一緒にやってきた」ということです。

二つ目に、どちらかというと「出会いと対話・交流に力点を置いた活動」であることです。これは左京区にはまちづくりなどの活動団体が非常に多いイメージを持っていましたので、新たに活動団体を作っていくことよりも、お互いに出会って知り合っての方が大事だと思っていました。参加者も感覚的に、毎回、三分の二ぐらいが「はじめまして」の方のイメージです。あまりリピーターが生まれなかったというのは課題だったかもしれません。参加者に「なんで来てくれたの?」と聞くと、「転入してきた時に、何かいいところがありませんか?と区役所の方に聞くと、朝カフェというのがありますよと紹介してもらった」ということも聞いたりしました。

三つ目は、「区役所の取り組みっぽくないイメージづくり」です。チラシなど外側に発信するときに、斬新なイメージを作っていこうということで、今では当たり前かもしれませんけれども、「行政がやっているように見えないようなデザイン」をしたり、あまり役所の取り組みがされない、主に日曜日の午前中に開催したりしてきました。

ワークショップの手法も、谷さんの説明してくれたように、区役所がテーマを予め決めて話し合わせるような従来型の堅苦しいワークショップではなく、参加した自分たちが自分たちの関心に基づいて話し合ったことを自分で持って帰る、そういうOST的な手法を取り入れました。

また客層に関しても、区役所の取り組みというと、地元のご高齢の方がどうしても中心になってしまい、それ以外の人が参加しにくい雰囲気が出がちなところを、若い人とか女性とか子連れのお母さんとかも来てくれるようなイメージづくりを意識的に仕掛けていました。これは私と言うよりは当初の企画を作っていたまちづくりアドバイザーの方が戦略的にやっていたというところが、当初から中期ぐらいまで受け継がれていたのかと思っています。

4　左京朝カフェの活動の変遷

左京朝カフェの歴史はⅠ期・Ⅱ期・Ⅲ期に分けられると思います。二〇一五年度までと、その後三年ごとで流れが変わってきました。

二〇一五年までの第Ⅰ期は〝ランナーズハイ〟の時代です。これはできたばかりのまちづくり団体によく見られる現象ですが、当初の三、四年というのは一番モチベーションも高く走れるので、いろいろやってきた、というか、いろいろやり過ぎてきたと思っています。

一年目は頻度高く朝カフェを開催していました。年間で九回ぐらいやっていましたね。ほぼ一、二ヶ月に一回というハイペースでした。それによって「朝カフェグループ」という、朝カフェから新しくまちづくり活動を始める団体も、特に初期はどんどん生まれたりして、その成果を披露する場所として大博覧会を開催したりしていました。私たちのモチベーションが高かったのはもちろんですが、後々分かったことで、当時一緒に関わっていたまちづくりアドバイザーが裏で大変汗をかいてくれていたというのが大きかったです。

ワールドカフェやOSTといった新しい手法に私たちが取り組めたのも、まちづくりアドバイザーから担当職員への刷り込みがあったからだと思っています。左京朝カフェを担当する職員、特に異動してきたばかりの方からすると、この左京朝カフェをなんのためにやるのか、さっぱり分からないんです。だから、まちづくりアドバイザーの皆さんが実はいろんな場面で、担当職員やその上司の方に向けて、この事業にはこういう意味があるんだ、だからなんとかこれをさせて欲しい、と言い続けてくれていた、という状況があったと聞いています。

左京朝カフェの運営メンバーにも、多様な人たちを呼び込むために色々工夫をしました。みんなでヨガをやったり、当時はミーティングの後にみんなでご飯を食べたりしました。ミーティングの中身がどうかということよりも、後でご飯がついてくることの方が学生にとっては嬉しい、ということで。こういうのも実はまちづくりアドバイザーが戦略的に仕掛けて、ご飯が食べられる場所でミーティングをするなどの工夫をやっていました。その結果か、大学生主体によるまちづくりカフェも実施できました。

二〇一六年~二〇一八年のⅡ期は、マンネリ化の時代です。テコ入れのためにいろいろ企画もしましたが、その分負担が大きくなってこれもうまくいかなくなって、私もすごく悩んでいた時代でした。例えば二〇一七年には、対話のテーマを絞って外からゲストスピーカーを呼んだり、みんなで京都文化日本語学校に行って、外国人の学生さんたちと一緒にカフェ型事業をしたりもしました。

マンネリ化の原因として、時間の経過でネタ切れしてマンネリ化してきたことや、主催者の負担が大きくなってきたということももちろんありますが、やはり大きかったのは、I期に関わってくれたまちづくりアドバイザーが異動したことです。もちろん、新しく別のまちづくりアドバイザーが異動してきましたが、このときにはアドバイザーに求められる役割が区役所の中で変わっていました。左京区の場合は北部の山間地域があるんですけれども、ここの活性化に力を入れる方針があったようで、左京朝カフェの方にあまり参加されなくなったということが大きな影響を与えています。

こういった変化によって、まちづくりアドバイザーの方に裏で汗をかいていただいた部分を丸々、私たち区民スタッフがやらないといけなくなって、そこで失ったものの重さに三年掛けてようやく気付いたという状況でした。

とは言え、振り返ってみるとカフェ型事業をやりつつ、食のイベントという形で対話をしてみようとか、カフェ型事業以外の活動をやっていたり、久多や大原など山間地に出かけて朝カフェをしたり、いろいろやっていた時期でもあります。「大博覧会」も、今まではずっと区役所の中でやっていましたが、最終回の二〇一八年には区役所を飛び出して、地域の中の施設を使って運営しました。

二〇一九年~のⅢ期は、新たな方向性を模索した時代です。二〇一九年度は左京区の九〇周年だったんですが、その周年企画としてももう一回しっかりやろうということで、左京区の魅力をテーマに絞って話し合いをし、それを「朝カフェ通信」という出版物にまとめるということをやりました。一方ではコロナ禍で通常の実施が難しい中、オンライン形式で行ったこともありました。

紆余曲折はあったものの、成果としてこれまでなかった「左京区のゆるいプラットフォーム」ができたこと、そしてこの場を通じて「市民同士のマッチング」ができたことです。意識的にあの団体とこの団体、あの人とこの人をくっつけようみたいなことを、私を含めたスタッフが動かしたりもしました。後々聞くと、朝カフェの参加がきっかけで次の活動が動いたというような、とてもうれしいお話を聞くこともありました。こうして、これだけの方々と今つながって、左京朝カフェですと言えばいろいろな話ができるプラットフォームができたのかなと思っています。その結果として、複数の左京朝カフェグループが生まれたのだと言えます。

5　左京朝カフェの悩みと反省点

一方で悩んだこともあります。先ほどの二兎を追う話とつながりますが、活動の方向性のブレのような問題については、特にⅡ期目から悩み始めました。

出会いと対話・交流を目指す部分と、まちづくり活動を育てることを目指す部分が、同じ場の中にあることで相反するようなことがありました。どっちを中心にしていったらいいのか、毎回スタッフにも問うていました。出会いと対話を中心にしていると、活動をどんどんやっていきたい参加者からは、「なんで前回までの成果を引き継がないで、毎回新しくテーマを発表しようみたいな形になってしまうのか？」「せっかく連続して参加しているのに、前回の話が続かなかったら意味がないでしょう」と不満を言われることもありました。かといって活動づくりを中心にしてやろうとすると、初めて参加される方々がなかなか参加しづらい、ということがあって悩みました。

特にまちづくり活動を育てるという点でいうと、私は「三種の神器」があるのではないかと思っています。こういった「交流の場づくり」と、「交付金」と「まちづくりアドバイザー」です。この三つがうまく組み合わせられれば、ちゃんとまちづくり活動の育成も進んだと思うんですけれども、実際にはここら辺がうまく連動しなかったという気がします。

ここまでの話を踏まえて反省点を述べます。

第一に、出会いと交流とまちづくり活動の支援という「二兎」については、本当は線を引いて分けた方が良かったんじゃないか、ということです。朝カフェは全部やろうとし過ぎてきたのではないか、欲張り過ぎたのではないか、という反省があります。

第二に、「自分のやりたいことと民主制とのバランス」についてです。左京朝カフェのスタッフミーティングで、仲間から指摘をされたんですね。私が「みんなは何をしたいですか?」と聞いて、みんながやりたい最大公約数を提案する、ということをしていたら、「それでは前に進まないですよ」とスタッフから指摘されまして。これは私のコンサルタントとしての仕事柄もあると思いますが、チームの民主制を重視して合意形成を大事にしてきたんですけれども、もっと自分がやりたいことをやってもいいのではないか?言ったほうが良かったのではないか、という反省があります。

第三に、資金面での反省です。まちづくりカフェの費用対効果については、一〇年前と比べて資金調達も多様化してきているわけですから、本当は税金以外の資金調達も視野に入れて、もっとうまくやっていかないといけなかったのではないかと反省しています。

繰り返しになりますが、左京朝カフェは、私にとっては「地域のゆるいネットワーク、セーフティネット」

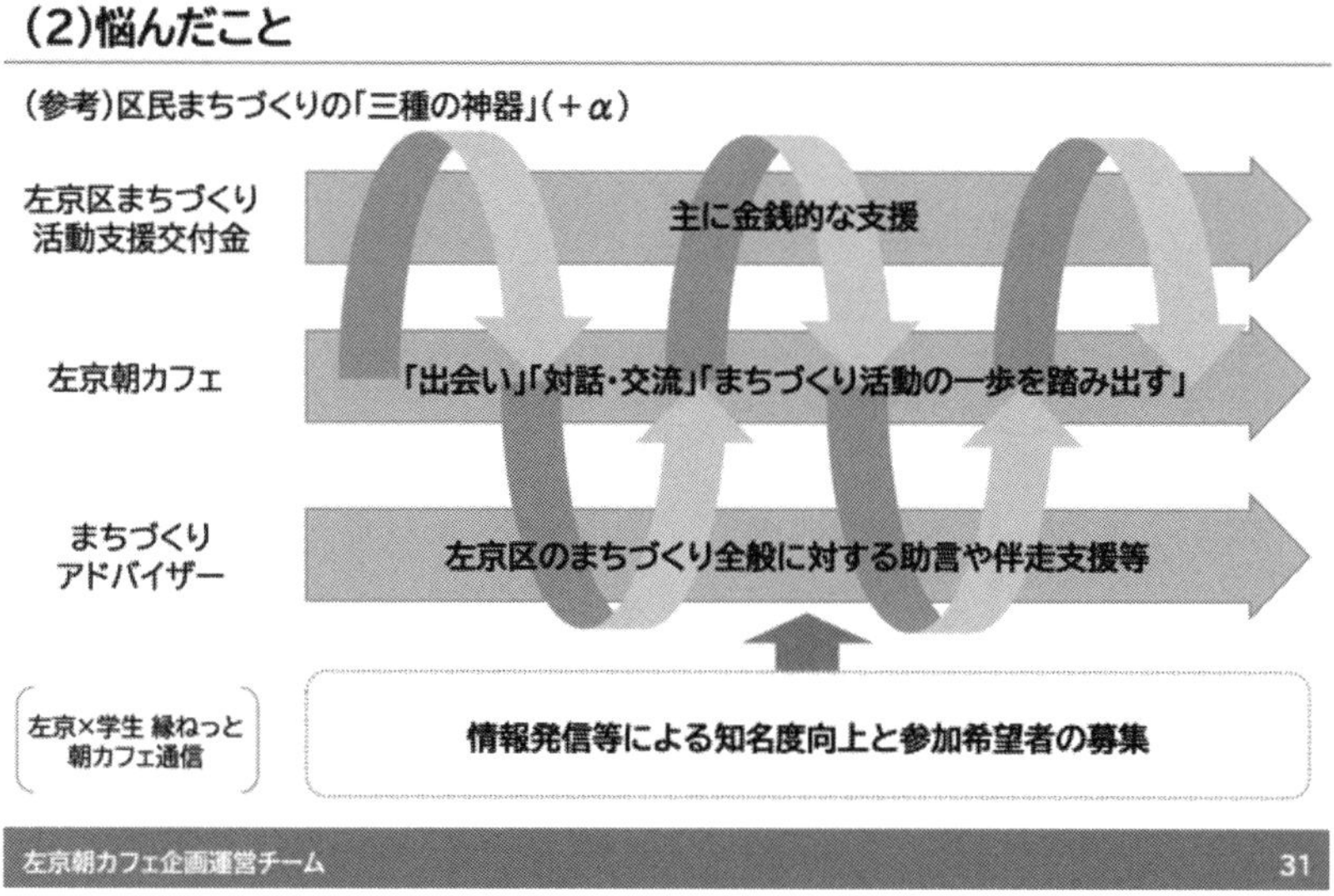

図 4-1　左京朝カフェの到達点と悩んだこと

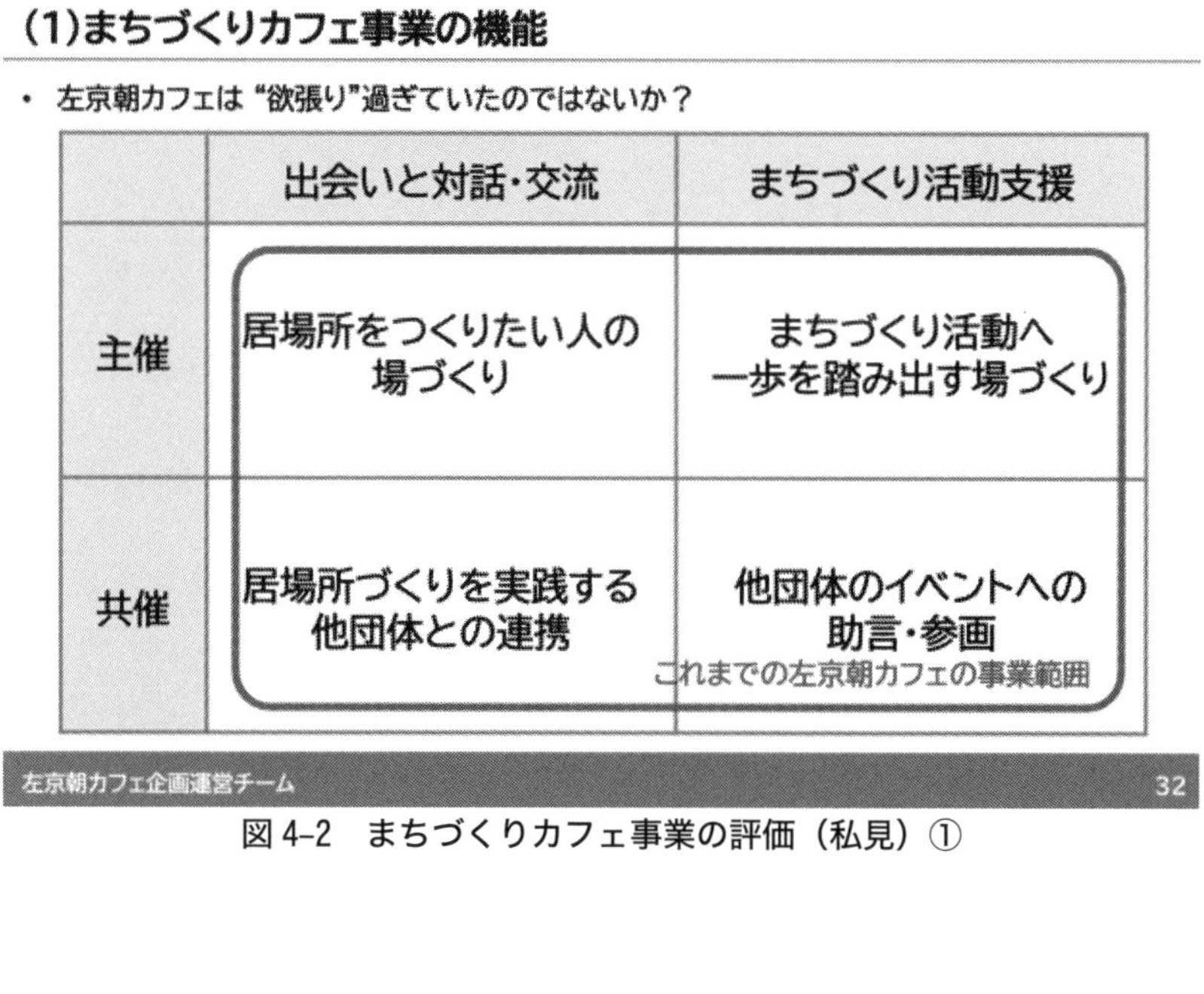

・ 左京朝カフェは "欲張り" 過ぎていたのではないか？

	出会いと対話・交流	まちづくり活動支援
主催	居場所をつくりたい人の場づくり	まちづくり活動へ一歩を踏み出す場づくり
共催	居場所づくりを実践する他団体との連携	他団体のイベントへの助言・参画 これまでの左京朝カフェの事業範囲

図 4-2　まちづくりカフェ事業の評価（私見）①

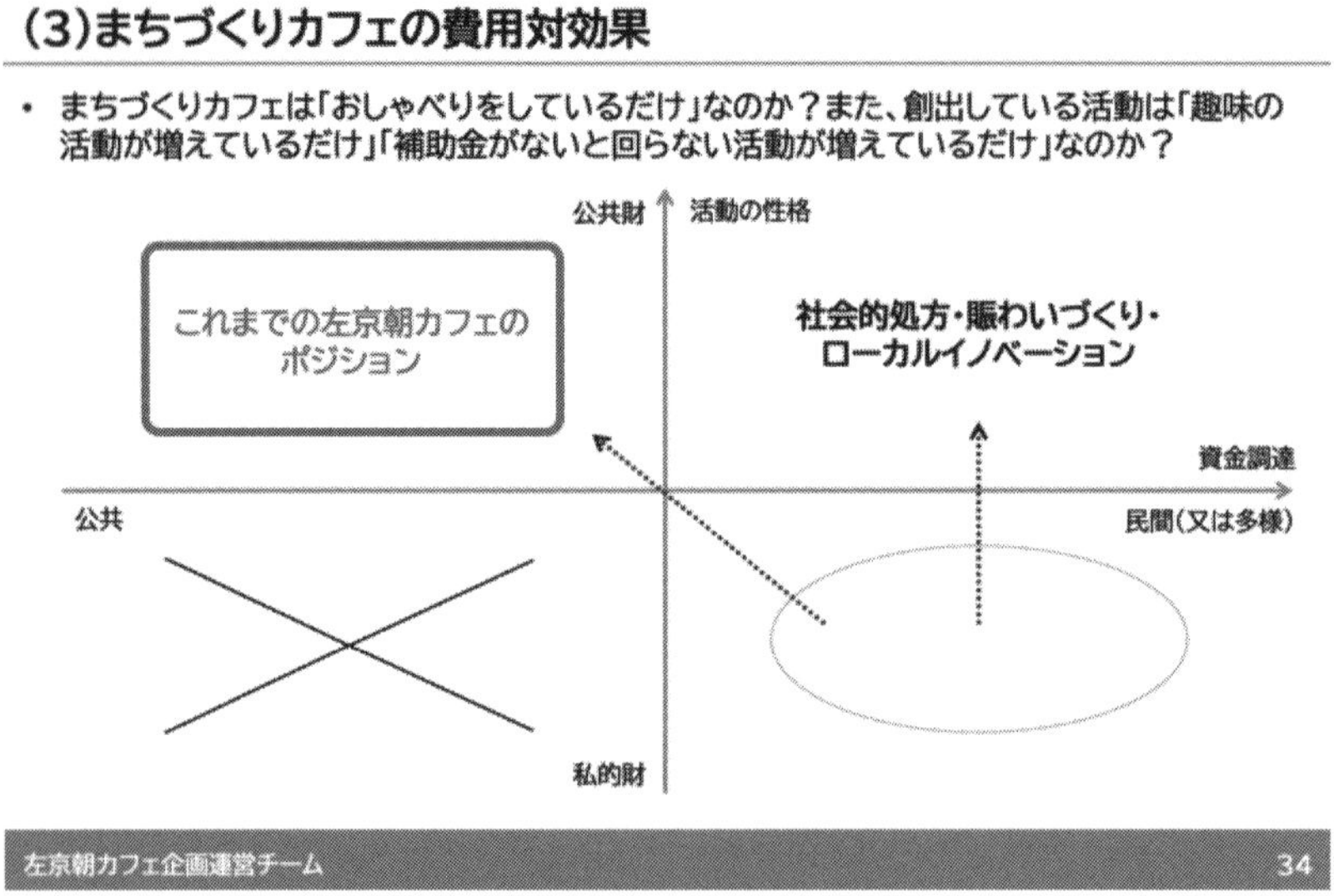

図 4-3　まちづくりカフェ事業の評価（私見）②

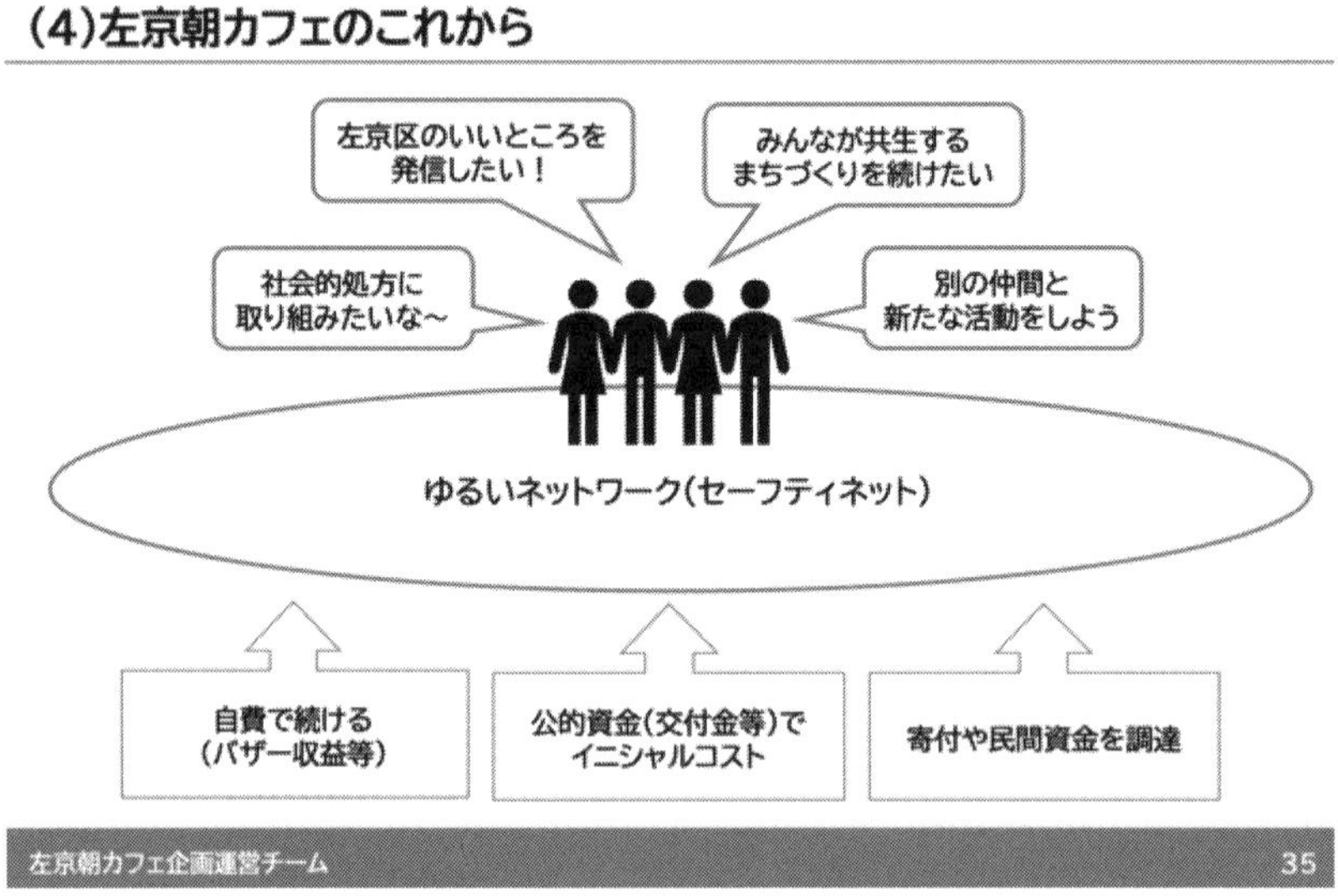

図 4-4　まちづくりカフェ事業の評価（私見）③

であってほしいと思っております。ここはずらさずに、ただ今後についてはなんでもかんでも欲張ってやるのではなくて、自分も含めて参加しているスタッフがやりたいことを、まずは自分ができる範囲で、スタッフの応援をもらいながらやっていく。そして資金調達も含めて、もう少し視野を広げて取り組んでいけるといいなと思っています。

私からの報告は以上です。ありがとうございました。

深川：江藤さん、どうもありがとうございます。左京朝カフェでは自分のやりたいことを控えすぎた、という指摘が興味深かったです。確かに、行政がやるならまだしも、主体が市民である限り、自分事として捉えられる関心が核にないと、どこかで息切れしてしまう、というのはよくわかる話でした。次は、私の方から、中京マチビト Café の可能性と課題ということでご報告させていただきます。

5　中京マチビト Café の事例報告

深川光耀

1　中京マチビト Café の概要

自己紹介から始めます。私は学生時代に神戸市長田区真野地区のまちづくりに関わったことを皮切りに、民間のまちづくりコンサルタントを経て後、京都市まちづくりアドバイザーとして仕事をしてきました。そこで中京マチビト Café の企画・運営、ファシリテーターとして関わりました。

中京マチビト Café のコンセプトは、「まちづくりに関心のある人たちへの安心・安全なお見合いの場の提供」であったと考えています。自主的なまちづくり活動をしたい区民や市民の方々に、ワークショップ形式で話し合う交流会を提供しています。仕事上がりの平日の一九時〜二一時、区役所の会議室で開催しています。参加者の人数ですが、平均して毎回七〇名ぐらいです。多いときには一三〇名ぐらいの参加がありました。現時点で延べおよそ二、七〇〇人参加しております。中京マチビト Café には、「出会いと交流編」と「学びと

写真 5-1　中京マチビト Café 当日の様子

共鳴編」の二つがあります。「出会いと交流編」は、対話を通じて区民主体の取り組みを生み出す場として年に三回、「学びと共鳴編」は特定のテーマ、例えば空き家とか子育てとか、そういったものを学んでいく場として、年に二回行っております。

主催は区役所ですが、企画運営は、学識経験者、区民、事業者等から構成された企画運営委員会で行っています。ファシリテーターは学識経験者やまちづくりアドバイザーが担っています。

毎回七〇名ぐらいの参加者が集まります。運営はOST形式で行いました。小グループにわかれて自己紹介をした後、参加者から、話し合いたいテーマを募集し、発表を行ってもらいます。例えば、「若い人たちが気軽につながれる場を作りたい」とか、「二条城の景観を考える」というようなテーマです。毎回おおむね一〇～一七のテーマがあがります。その後にテーマごとに小グループに分かれて意見交換（25分×二回）を実施します。グループにわかれての対話は、できるだけテーマ提案者を中心にアイデアが実現するように話し合っていくことを大切にしています。

ではそこでどんなやり取りが発生するのか。一例を紹介します。「若い人が気軽につながる場を作りたい」というテーマで集まったグループでは、テーマ提案者に対して参加者から「忙しいから朝活にしたらどうか」とか、「中京区役所の屋上は庭園になっているから、そこでやってみたらどうか」といったアイデアや、「それだったら管理人が知り合いだから紹介するよ」というつながりが提供されます。そして「イベントをやるなら僕がFacebookでページを作ります」というようにスキルの提供も行なわれます。こうしてテーマ提案者の想いが形になったのが「中京朝蜂（あさっぱち）カフェ」という取り組みです。中京区役所の屋上は、庭園となっており、都市養蜂が行われています。その庭園に毎週木曜日の朝七時から八時の出勤前に集まって朝ご飯で交流しています。そこから派生してヨガ教室や園芸教室も始まっています。

2　中京マチビト Café の発足経緯

次に開始までの経緯を説明します。前提として、北川さんからのご報告にもありましたように一〇〇人委員会の影響がありました。加えて、中京区ではカフェ型事業と中京区基本計画が一体のものと認識されています。具体的には、区基本計画の第二期の推進の仕組みとして中京マチビト Café は位置付けられています。それは前計画からの反省ですが、「きれいに書いた計画だけでは物事は動かないぞ」という区民からの指摘があり、区民参加の活動を生み出す場を作ることを計画に入れました。

区の狙いは、地域の担い手の高齢化への危機感から、次世代(三〇代から四〇代)のまちづくりの担い手の発掘と、地域課題に関する区との協働の主体づくりにありました。場の目標は過半数が「はじめまして」の人となることですが、参加者が毎回新しい出会いができるように設定しました。

また地縁組織の方々も招いて次代の担い手との融合を図りたいという思いもありました。第一四回目のアンケートを見ると、参加者属性では初参加が三～四割、複数回が六割ぐらいです。当初の頃は2／3ぐらいが初参加で目標を達成しておりましたし、四〇代以下が六割と若い人の参加もありました。あとは中京区の特徴ですが、参加者は区内の方が半分で、他区の方が四割も占めています。区外からの参加が多いのは、通勤で通っている方が多いためだと考えられます。また、中京区は市の中心に位置しているため、交流においてもハブの機能を果たしていると思われます。

3　中京マチビト Café の成果

では「実際に狙い通りの取り組みが生まれたのか？」でいうと、開始三年ほどで約五〇の取り組みが生まれました。今日に至るまでおよそ一〇〇以上の取り組みが生まれています。何を「取り組み」として呼ぶのかというと、いくつかの要件があります。対話を通じて生まれたアイデアが実現されたもの、そしてマチビト Café で新たに出会ったメンバーとともに実施したものといった要件を満たしたものをここから生まれたと見なしました。

五年目ぐらいからはどんどん活動が生まれていきました。区役所も、場を用意するだけではなくて、区発行のまちづくりフリーペーパーに掲載して取り組みを紹介したり、補助金の中に「マチビト応援枠」という枠を作り、中京マチビト Café 発の取り組みには五万円程度の補助を出したりすることで、区民の取り組みを後押ししました。

中京マチビト Café の役割は、「〃わたし〃個人を起点とした取り組みを可能にすること」であったと思います。それを可能としたのは次のことです。

第一に、「ここに行けば誰かに会えること」でした。何かをしたい人、誰か人とつながりたい人がここに来たら、出会える。そんな期待を裏切らないように、広報や集客に努めました。

第二に、「SNSが個人の活動を後押ししたこと」でした。知り合った参加者メンバー同士がSNSでつながることで、その関係が維持されやすくなりました。さらにイベント告知など、二〇〇〇年代前半くらいまで、自治会やNPOなど、何らかの組織に所属しないと難しかったような情報発信が、SNSの普及によって個人でも小さく始められるようになった、という変化があります。

第三に、「対話を通じて個人の変容が起こること」でした。伊藤先生の「コミュニティ圏」でも説明されていましたが、見知らぬ他者と対話をしていく中で新たな価値観との出会いがあります。その個人が置かれている境遇への理解と共感が生じ、それを通じて個人の変容が起こっていく、それが〃わたし〃個人を起点とした取り組みを可能にすることにつながるのだと思います。

例えば、「シェアハウスをやりたい！」というテーマを提案した人がいました。そこでの対話の中で、同じテーブルを囲んだ参加者が「私もそこに住みます」と言って、シェアハウスの住人になっていく。そんな対話を通じた個人の変容が生まれていました。

4　中京マチビト Café の課題

一方で課題も見えてきました。

第一に、「参加者の固定化」です。左京朝カフェでもそうでしたが、時とともに参加者が固定化し「出会いの場」から「再会の場」に変わっていきました。

第二に、「参加者の減少」です。当初は一〇〇人くらいいた参加者も、三〇～四〇人ぐらいに減っていきました。これは場やプログラムのマンネリ化もあると思います。当初は地域の新たな担い手の発掘への期待を持って参加していた地縁組織の関係者も徐々に減少していきました。地域組織の関係者や区役所の考えとは裏腹に、ここで出会った人たちが地域組織に入って担い手になる、ということは実感として起こらなかったように思います。こういった期待と実態とのズレもあり、中京マチビト Café も七年目ごろから勢いが失われていったという感覚があります。

第三に、「中京マチビト Café で生まれた取り組みへの評価軸を区役所が持ち合わせていない」ということです。区役所としても、中京マチビト Café から生まれた取り組みをどう評価するのか、というのは難しかったようです。北川さんもおっしゃるとおり、なんらか課題解決型の取り組みは一定の評価がしやすいんですね。ただ趣味・サークル的とみなされがちな活動は、それを評価する評価軸を区役所が持ち合わせていないということがありました。ですので、カフェ型事業が停滞し、「カフェ型事業の成果はなにか?」と問われた時に、切り返せないという事態になります。最初に言いましたように、中京マチビト Café イコール基本計画推進の仕組みでもありますので、推進にどう寄与したかということが、質的にも量的にも、もう少し説明できるようなものが必要だったと思います。

5 「活動の主体づくり」に重きを置いた「中京クーチャーセンター」

これらの課題と反省から、中京区では、「区民とともに活動する主体づくり」に重きを置いて、資源の発掘とマッチング、そして区民同士、区民と区役所とのつながりづくりを目指す事業が別に始められました。これを「中京クーチャーセンター」と言います。中京区版のフューチャーセンターを作ろうというものです。名前の由来は「区」+「未来」ということで、「中京区のまちをともに創っていく」という意味が込められています。

中京クーチャーセンターでは、誰でも参加できる中京マチビト Café とは異なり、社会的企業家やＮＰＯなど、腹をくくったアクターを集めて少人数のメンバーで対話をして、それをサポートしていくということを行なっています。

ここで支援したプロジェクトを紹介します。例えば「イチバンボシギフトプロジェクト」では、中京区内で出生した子どもとその親に対して、社会的企業が無農薬の野菜を無償で届けるという仕組みをつくり、子育てを応援していきました。

また、「こどもと行こう！祇園祭」プロジェクトは、祇園祭の歴史と文化を継承するために、赤ちゃん連れでも参加できる仕組みをつくりました。企業と連携して、仮設のこどもステーションを作り、授乳やおむつ替えをできるようにしました。このように、課題解決型の取り組みを生み出すことに特化した場も併せて実施しました。

6　各区カフェ型事業の意義

ここまでの中京マチビト Café の話から少し離れて、各区カフェ型事業の政策としての意義について述べます。

第一に、「〝わたし〟を起点としたまちづくり活動を常態化した」という意義があったと思います。なんらかの組織に所属するのではなく、〝わたし〟発でまちづくりを始めることができる。それはかつても一部の人には可能だったかもしれませんが、やはり特殊なことでした。しかし区役所という市民に最も身近な行政機関に、これを支援するインフラを普及させたことで、〝わたし〟発でまちづくり活動を始めることが、本人さえ望めば当たり前にできるようになった。これが大きな意義だったと思います。

第二に、「人的資源の見える化とネットワークの形成」に意義があったと思います。先程の江藤さんからのご報告にもあったように、各区のカフェ型事業では、まちづくりアドバイザーとうまく絡み合っているところも少なくなかったと思います。各区で、同時期にカフェ型事業が実施され、そこに市民のネットワークが蓄積されてきました。本来、市民のネットワークには地域的な偏りがあって、なかなかつながれないのかもしれません。まちづくりアドバイザーは各区に一名配置されており、まちづくりアドバイザーがカフェ型事業に関わることで、面的で偏りのないネットワークを作っていくことができる。だから各区役所で生じたニーズも、まちづくりアドバイザーに相談すれば、他の区の区民も含めてネットワーキングできる。これがこの制度の強みであり、全区で実施されていた意義だったと思います。

第三に、「対話による相互理解と呼応の機会を提供した」ことに意義があったと思います。市民が区役所の提供する安心安全な場で、見知らぬ他者と対話をするという経験をしていくことによって、アイデアがブラッシュアップされたり、一人では得られなかった気付きが得られたり、対話の姿勢が変化するといったことがあったと思います。以前あるところで中京マチビト Café の事例を発表したところ、「これは民主主義の学校ですね」と言われたことが印象に残っています。そういう民主主義の学校と呼べるようなものが、広く京都市内に設置されたことに大きな意味があったと思っています。

このように、カフェ型事業が各区で同時多発的に行われたことに意義があったのだろう、と私は思っています。まちづくりアドバイザーがいて、各区にカフェ型事業がある。そのことによって中京マチビト Café に参加した経験のある人、左京朝カフェや、伏見をさかなにざっくばらんに集っていた人たちが、今は区をまたいで、さらにつながっている。これができるのは、たぶん二〇一〇年代のカフェ型事業のムーブメント、つまり、そこでの共通体験や、対話によって何かを生み出していくことに理解を示す人たちが数多く、同時多発的に発生したことが重要だったのではないかと思います。

次は伏見区の「伏見をさかなにざっくばらん」の事例です。谷さんと篠原さんからご報告をお願いいたします。

6 伏見をさかなにざっくばらんの事例報告

谷　亮治

1　ふしざくの概要

まず私から、伏見で行われたカフェ型事業である「伏見をさかなにざっくばらん」（以下、ふしざく）の概要をお伝えします。そこでどのようなことが起きていたかについて後半、篠原さんにお話をいただきたいと思います。

私が今からお話しする内容は、当学会の学会誌、コミュニティ政策一六号に、『多様な寄り合いの場からコミュニティを考える―京都市伏見区「伏見をさかなにざっくばらん」の実践事例報告から』という論文に書かれておりますので、もっと詳しく知りたいという方はこちらの論文をご覧いただければ幸いです。

まず、ふしざくの概要をご説明します。これは伏見区が主催していた市民参加事業です。平成二三年度〜令和元年度の伏見区基本計画「融合プロジェクト」に基づいています。基本計画に位置付けられているというのは、単に時々の思いつきでやっていることではない、戦略的な意味を持っていた、ということです。

この計画の中では、「向こう一〇年間の伏見区のまちづくりの基軸となり、各分野を融合して幅広い効果が期待できる取り組みとして重点的に進める」と書かれています。具体的に何をするかと言うと、「地域住民や事業者などによる主体的な取り組みや様々な活動の母体づくりをする」というのが、この融合プロジェクトで掲げていたものでした。

原則、毎月最終土曜日の午後におよそ四時間ぐらいの場を持っています。毎月このような形で場を持つというのは、おそらく各区のカフェ型事業の中でも異例なものだったのではないかと思います。大体毎回五〇～六〇名程度の参加があり、年間延べおよそ八〇〇名の市民が参加されていました。最終年度はコロナ禍で実施が不安定ではありましたが、毎月というルーチンが崩れてはいたものの、一〇年間という長期に亘って一貫した計画に基づいて事業を実施できたというのは特筆に値することだと思います。

先程の北川さんの報告にもあった一〇〇人委員会の反省を受け継いでおりますので、非メンバーシップ制で出入り自由です。「伏見のまちへの思いをざっくばらんに出し合いながら、議論を深め、区民主体のまちづくり活動に繋げていくこと」というスローガンに共感した方であれば誰でも参加できますよ、というのが、このふしざくの特徴でした。参加費も無料でした。

年間のプログラムは、概ねルーチン化されていました。大きく四つの時期に分けて説明することができます。まず四月～六月はアイスブレイク期です。参加される方々には初対面の方も多いので、ワークショップを通じて参加者同士の緊張を取り除いたり、お互いの関心を知り合ったりすることで、基本的な信頼関係の形成をしていくというのがこの時期です。

七月~九月はチームメイキング期です。先ほど北川さんが一〇〇人委員会の中でも説明していましたけれども、OSTの手法を使いまして、参加者有志が自ら情熱と責任を持って取り組みたいテーマを掲げます。「この指とまれ方式」で仲間を募って分科会を作り、プロジェクトチームを作っていく。プロジェクトチームは、自分たちの掲げたテーマに基づいてリサーチを重ねたり、新規的な事業の提案を行ったりしていきます。

一〇月~二月に関してはプロトタイピング期です。先ほどのチームメイキング期で掲げたテーマとプロジェクト案を実際に形にしていく、具体的に小さくアクションしていく時期です。そして三月はリフレクション期です。ふしざくは大体年間で一〇チーム程度のチームができますが、そのチームの方々が一年間で自分たちで生み出した成果を報告する、一般市民の方々に向けた報告会を開催し、市民へ自分たちの活動を伝えるとともに、自分たちのやってきたことを振り返る、リフレクションをしていくというのがこの三月です。このような一年間のルーチンを回していくという枠組みでやってきました。

以上がふしざくという事業の概要です。

2 ふしざくの運営体制

このふしざくという場を運営するのが、「市民活動サポートチーム」です。なぜ区役所と言わず市民活動サポートチームというかと言うと、ふしざくは区役所だけで運営するものではないという考え方に由来しています。

伏見区の基本計画には、ふしざくは特別なサポートチームを結成してやるんだと書かれていました。これは行政だけではなくて、市民活動支援機関、大学、ＮＰＯ、各種団体からなる実行委員会みたいなものでして、このチームを作ることによって地域で活動する人や団体、事業者などの情報共有や交流、マッチング、活動のサポートをする、とされていました。

この市民活動サポートチームの中心となるのはもちろん主催である伏見区役所ですが、ここに加えてわれわれまちづくりアドバイザー、行政関係機関、そして場づくりやファシリテーションの専門家としてＮＰＯ法人場とつながりラボ home's vi さんが業務受託者として参画してくださいました。

ちなみに、当時伏見区の企画担当をされていた課長は元々一〇〇人委員会も担当されていた方でもありました（北川さんの前任）。ですので、「一〇〇人委員会の形をどうにか伏見区でもやりたい」という考えから、その当時のことをよく知っている home's vi さんにお声がけをしたと伺っております。

市民活動サポートチームは概ね月一回程度、ふしざくの運営に関して協議を行っていました。とはいえ、後ほどまたお伝えしますが、基本的には「伏見をさかなにざっくばらん」という場の運営は、市民活動サポートチームが概ね考えるけれども、決定事項として一方的に伝えることはありません。各チームのリーダーや有志による「リーダー・有志会議」が作られていまして、そこがふしざく参加者の代表者のようなことになります。その人たちとの協議をもって重要事項は決定していくということで、そういう意味では市民活動サポートチームがこの場を完全にコントロールできるというよりは、参加者と協働で場を作っていくということを重視してやっていきました。

対象者	伏見区内に住んでいるひと 伏見区内の学校や団体に通っているひと 伏見区内に縁があるひと
目指したいところ	上記のひとたちが出会い、 伏見を話のネタに「ざっくばらん」に語ることから仲間を集め、 伏見のまちで自分たちのやってみたいことを実現する
事務局	京都市伏見区役所　地域力推進室 京都市まちづくりアドバイザー（伏見区・深草支所・醍醐支所） NPO法人場とつながりラボhome's vi
協力団体	京都市伏見青少年活動センター 京都市伏見いきいき市民活動センター ぴあぴあ株式会社・国際交流会館・京エコロジーセンターなど

立ち上げ期		活動期	収穫期	
4月	5月〜6月	7月〜11月	12月〜2月	3月
【交流会】	【チーム提案】	【チーム活動】	【活動の仕上げ】	【ふしざく祭】

写真 6-1　ふしざく概念図

3　ふしざくの運営方針

次に、場の運営方針についてです。重視していたことは大きく四点あります。

第一に「多様性の重視」です。先ほどもお伝えしましたが、メンバーシップ制をとっていません。地域団体の役職者への動員や委員任命制をやらず、いつでも誰でも出入り可能になっています。そうすると参加者の流動性が高まります。ですので場の運営が不安定になりがちというデメリットがあります。参加者が多い日、少ない日、いつもの人ばかりの日、新規の人が多い日のように、場の運営は不安定になりがちですが一方で思いもよらない属性の参加者が出入りすることがあって、結果として新しい組み合わせに期待できるというメリットも大きかったように思います。

冒頭に説明したこととつなげると、思いもよらない組み合わせからローカル・イノベーションを生み出すことを重視していたということになります。

第二に「主体性の重視」です。最初期のフライヤーに掲げられていた参加者向けのコピーが「わたし、やります！」です。チラシの真ん中にでかでかと「わたし、やります！」と書いていました。これは何かと言うと、元々、市民参加というと、どうしても行政に対する苦情、陳情、意見具申というのが市民参加のイメージとして捉えられがちでした。それに対して、ふしざくはそういう場ではないぞと。参加者自身が地域の抱える課題を自分事として捉えて、主体的に取り組む機会を提供する場所ですよと。だからこそ「行政に対して、やってくれという場所」ではなくて、「わたし、やります！」というコピーを掲げていたということです。その点で、冒頭にお伝えしたコミュニティ・デモクラシー的な集まり、つまり市民の声を行政に反映していくための場だ、という考え方はあまりとられていなかったように思います。

この「わたし、やります！」の強調は、北川さんが先程おっしゃられていた、一〇〇人委員会が、「行政に対して、やってくれという場所」になる時期があった、という反省が反映されたものだったのだろうと考えられます。

場を運営する市民活動サポートチームでは、「人というのは上から与えられた課題には熱心に取り組めないが、自ら課題を発見し解決する手法を模索すると、主体的に取り組むことができるようになるだろう」という仮説を持っておりまして、だから行政から「ああしなさい、こうしなさい、こういうテーマでやりなさい」と言うのではなくて、参加者が主体的にやりたいことを見つけ出して、実際に自分でやっていく、という主体性を重視した進め方を採用したものと思います。

第三に「実現性の重視」です。「わたし、やります！」とは言うものの、参加者の方々はまちづくりやボランティアというものがそもそも初めてだ、という方も少なくありません。なので、自分のやりたいことを実現していくことを妨げる障害が立ちふさがりがちです。例えばネットワークがない、お金がない、ノウハウがない、といったことですね。

市民のやりたいことを実現していくために、そういう障害を取り除くサポートを主催者として行っていました。まずは一年間に一チームあたり一〇万円を上限とする補助金を出していきました。そして市民活動サポートチームがFacebookなどのSNSを運営したり、ラジオで番組を持ったりして、不足しがちな各チームの情報発信の手助けをしてきました。何しろ初動期の活動というのはネットワークがありませんので、例えばこういうイベントをやりますと言っても、なかなかいろんな人に伝わらないんですけれども、そこを主催者がサポートしていくことで活動の順調な走り出しを助けていきました。そしてまちづくりアドバイザーなどの専門職者が各チームの会議に適宜参加して意思決定を促したり、ネットワークの形成を助けたりすることもしてきました。

第四に「学習機会の重視」です。先ほどもお伝えしましたように、ふしざく参加者にはまちづくりをそもそも初めてやるという人たちも多かったんですね。そうすると、いきなり大きな成果を目指すのではなく、まずはまちづくりに関わって何かをしてみた結果、何かうれしいことが返ってきたという、小さな成功体験を得ていただく、その小さな成功体験のサイクルを重ねることで、まちづくり活動への動機を育てていくことが大事だということを市民活動サポートチームとしては考えていました。

こういった活動を通じて、一〇年間で累計四〇を超えるまちづくりプロジェクトチームが発生してきました。それぞれのチームについては後半で篠原さんが説明してくださると思います。

4　ふしざくの参加者アンケートからわかったこと

次に、どんな人たちが参加してきたのかについて説明します。これについては、市民活動サポートチームが二〇一七年一二月および二〇一八年一月という、もっとも場がこなれていた時期に調査を行っています。有効回答数五二、年齢、性別、会場までの移動時間、ふしざく参加期間、ふしざくへの評価について尋ねています。参加者全員に聞いているわけではないので若干の偏りはありますけれども、概ねいつも来ているメンバーには話が聞けたという印象です。

まず年齢については六〇代と七〇代以上がおよそ五割を占めています。ただ、いささか偏りはありますが、下は高校生から上は後期高齢者まで幅広い年代層が参加している場でもありました。性別に関しては、男性が七割を占めています。このことから、「ふしざくってどういう場なん?」と言うと、「六〇歳以上の男性が多い場です」というのが大雑把な回答になります。

居住地域については、伏見区役所近辺が比較的多いです。ただあくまで「比較的」というだけで、ほとんど多くを占めているかと言えばそうではありません。かなりバラバラです。京都市他区や、大阪、豊中、奈良、南丹など他自治体、遠方からの参加も多数ありました。

ふしざくそのものが持っている価値について、参加者がどのように評価しているかについても聞いています。大きく三つの注目すべきキーワードが出てきました。

第一に「自由に振る舞うことが許される場」です。「文字通り、ざっくばらんに事を進めているのが良い。雑でありながら活動はしっかりやっている。誰がテーマを出すのかも自由。議事録もない。」「雑談もできる。」「行政は場を提供する裏方に徹し、参加市民、住民の自由で自主的活動を応援していることが大変よい。」というようなコメントが出ております。あるいは、こういうのもあります。「みんながそれぞれの好きなこと、フェチを全力で表現しているじゃないですか。行政に言われてやるんじゃなく、なのにそれぞれが調和している。それがすっごくイケてると思うんですよ」などのコメントにも見られるように、この場が行政主催のイベントであるにも関わらず、参加者が自由に振る舞うことが最大限許されている、主体性を重視していることを参加者は高く評価していることが分かります。

第二に、「まちづくりを実現できる場」です。「活動がある、何かできそうな雰囲気がある」「イベントの紹介ができるところ」「自分の思いを形にしやすい」「自由なクラブで何かができていく」などなどが語られています。実現性が重視されていることも高く評価されていたようです。

第三に、「熱い仲間がいる場」です。実はこれが最も多かった回答で、回答のおよそ四割を占めていたと思います。「みなさんが一生懸命なところ」「地域の方々が伏見のため集まりまちづくりをしているのが素晴らしい」「参加されているみなさん、各チームの熱意にいつも励まされ、刺激を受けています」「まちに対する想いが熱い人が活動に関わっている」「他の地域では市民活動に水を流すことに苦労していますが」、これはおそらく水を差す人がいて足を引っ張られるということだと思いますが、「伏見はこんなにも市民主体の活動が盛んでそれ自体がすばらしいと思います」「たくさんの人と話ができ、まちづくり熱を共有できるところ」「実際に何かやろうと思ってその実現に向けて真剣に考えている人と、それを手伝えるかもしれない、と思っている人がちゃんと出会えるところ」「仕事以外のことをライフワークに加えて、街を盛り上げたい。伏見を発信したいという思いを熱く行動される人と出会えること」「皆さん気さくで熱心で夢にこつこつと取り組んでいらっしゃるところです」などなど、「熱さ」とか「熱心」というキーワードがしきりに出てくることが分かります。

参加者の回答にもあるように、「他の場所では市民活動に水を差す人もいる」という、安心・安全ではない状況が、人々の活動の第一歩を妨げる原因の一つになっているとするならば、少なくともここにおいては思う存分熱さを語っていいというのが、ふしざくという場に参加している人たちが感じていたブランドだったことが分かります。

一方で、参加者からこんなコメントが出ていました。「参加者が偏っている」ということです。「今年度は若い人も参加し、幅広い年齢層の方が参加している」、若い世代からは「もう少し同世代の人とも出会いたい」、高齢層からは「年齢層がかなり偏っているため、学生は話に入りにくいかもしれない」「もっと若い人たちが参加して欲しい」などなど、参加者が偏っていることについては、その偏っている参加者の人たちも気にはしていたようです。

そして、ふしざくチームが分立しすぎて全体が見えにくくなっているということも気にされていたようです。「各チームの活動状況があまりわからないです」「ばらばらなチーム活動で集積された資産をどう編集して伝えて行くか」「統一感の不足」などなど、活動が自由に展開されていくのは良いが、他の参加者がどんなことをしているのがよう分からへんなぁみたいな形で、参加者としては全体の見えなさに対する疑問は出ていたようです。

続いて、参加者に参加のきっかけを聞いています。まずは「好奇心」や「貢献欲求」です。近くなので試しに覗いて見ようとか、何かボランティアをして貢献できたらいい、伏見の歴史に興味があったなど、素朴な好奇心や貢献欲求がまずは参加の動機として語られています。次に「人からの推薦」や「紹介」です。誰々から紹介してもらったとか、参加者に誘われた、勧められた、教えてもらったというキーワードが多いです。

そして一番多いのが「他の参加者への好意や敬意」です。先ほどもお伝えしたように、最初の参加のきっかけは些細なことですが、その後、参加を継続することになったのは、他の参加者への好意や敬意が大きいことがアンケートの中では語られていました。「来た時に仲良くしてくださる方がおられた」「参加していた人が実に生き生きしていたから」「ふしざくの方々に快く迎え入れてもらったので次年度から参加させてもらった。しかも子連れOKなのは有り難いです」「ふしざくで自分の思いを実現している人の話を聞いて」「伏見に住む地域貢献をされている人と出会えると聞いて」などなど、参加されている方同士の好意や尊敬と言うか、「あの人が好きだから私も参加するんだ」というようなことが動機として語られていたことは、重要なことだったと思っています。

　ここまで、ふしざくという場の輪郭について説明してきました。では、このふしざくの中身はどうだったのか。ここについては篠原さんにお話をしていただきたいと思います。

5　ふしざくチームの傾向

篠原幸子

篠原：皆さん、こんにちは。懐かしいお名前がたくさん見えているので、ドキドキしています。私の方からふしざくで生まれたプロジェクトをご紹介したいと思います。

　今回は二〇一九年、八期目の場合を取り上げてみまし

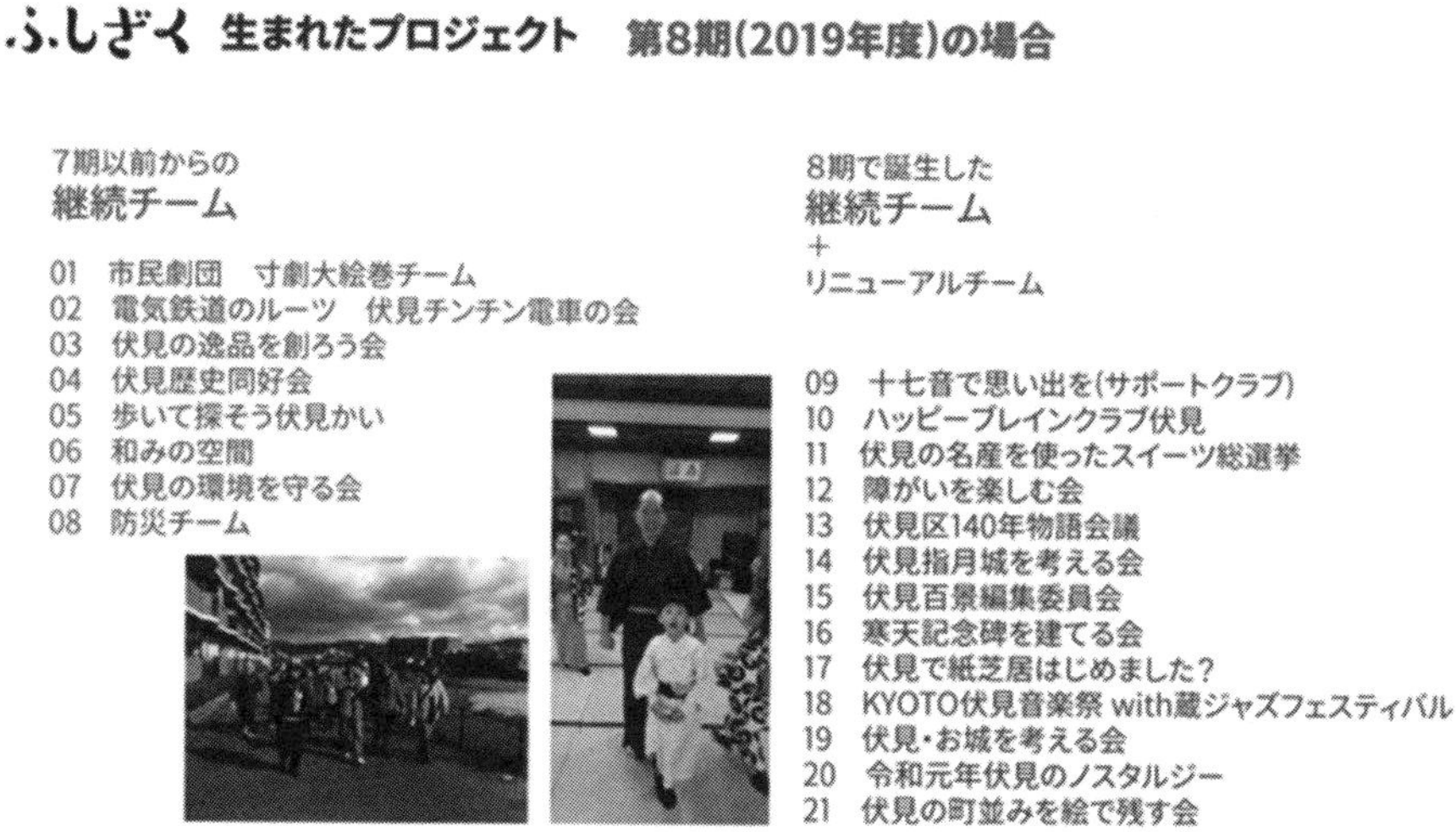

写真 6–2

た。八期以前の継続チームが八個、新しく誕生したチームとリニューアルチームで二一ぐらい生まれています。主なものをピックアップして説明します。

「KYOTO伏見音楽祭 with 蔵ジャズフェスティバル」は、酒処である伏見を音楽で盛り上げようという考えから、伏見の酒蔵びらきに合わせてライブイベントを実施していました。酒蔵と協働でオリジナルの日本酒を造ったりもしました。

「伏見・お城まつり」は、伏見城という、運動公園として利用されている史跡があるのですが、ここを盛り上げるためにお祭りイベントを企画するプロジェクトです。しばらくコロナ禍で実施できていませんけれども、このチームのメンバーだけでなく、ふしざく参加者みんながチーム横断で応援し合える場になっていました。クラウドファンディングをやって、資金調達を成功させたこともありました。

伏見の非公式マスコットキャラクター「ふしみこちゃん」を作ったチームもありました。着ぐるみを作って、他のチームのイベントに参加して盛り上げていました。

個々のチーム活動だけでは見えにくいですが、ふしみこちゃんの活動によく表れているように、チーム間の協力が割と活発だったことが、ふしざくチームの傾向だったと思います。

例えば「KYOTO伏見音楽祭 with 蔵ジャズフェスティバル」は、「蔵ジャズフェスティバル」と「日本酒を肴にざっくばらん」という二つのチームが合体して出来上がっています。「伏見・お城まつり」でも、複数チームによる出店協力で成立していました。個々のチームへの帰属意識ももちろんですが、「ふしざく」という場への愛着、参加者同士の一体感が強い場だったように思います。象徴的ですが、参加者が作詞作曲して、ふしざくのテーマソングまで作られたんですよ。

こういった傾向は、とにもかくにも一〇年間、毎月一回定例会をやり続けたことと、それによっていつもの顔ぶれが固定してきたこと、逆に出入り自由だからこそ飛び出すチームがあって、どんどん活動を外に広げていくこともできたこと。一方、チーム活動を必ずしもしなくていいので、活動しなくてもそこに「いられる人」がいた、という特徴に由来していたんではないか、と思います。

チーム単位ではなく、全体として協調して取り組む機会を主催者側が提供していたことも関係していると思います。毎年年度の終わりに、成果発表会という形で「ふしざく祭」という催しをやっていましたが、それ以外にも区主催の「ふれあい祭り」への参加や「お城まつり」の運営など、ふしざくとしてこんな活動をしていますよ、というのを発表できる機会があったのも大きかったと思います。

また参加者だけでなく、谷さんや、私たち「場とつながりラボ home's vi」のように、長く継続的に関わって参加者と経験を共有し続けることができた人が運営側にいた、というのも場の雰囲気の維持のためには大きかったと思っています。

6　ふしざくに集まる「おもろい人たち」

なにより、ふしざくには、おもろい人たちが本当にたくさん集まっていて。ふしざくでは市民活動サポートチームとして地元のFMラジオに毎月一回分の出演枠を持っていました。そこには、ふしざくメンバーが入れ替わり立ち替わりゲストとしてラジオ出演をしていました。その番組で私たちはゲストとして来てくれたメンバー一人ひとりのエピソードを聞いていったのですが、そこで語られる個人のヒストリーや思いが本当に面白かった。毎回、伏見はおもろい人がたくさんいるなあ、ふしざくにはおもろい人がたくさん集まったなあ、と思っていました。

谷さんの報告にもありましたが、参加者の年齢層が割と高かったのは確かです。しかし、参加者自身は「年齢なんか関係ない！」という感じでした。例えば最終年度はコロナの影響でオンラインでふしざくを開催しましたが、九五歳の方もZoomで参加していたんですね。そういうのを見ていると、年齢は関係ないなと本当に思って、こちらがいろいろ教えられることが多かったです。

この個性的なメンバーの個性を活かせる場にするにはどうしたらいいか、市民活動サポートチームは本当に何回も何回も会議を開いていました。

ふしざくは、いまは区の主催事業としては終了してしまいましたが、なんとメンバー自らが運営するつながりの場「ふしざくＮＥＸＴ」を始められています。こういう動きを見ていても、本当に熱心な、おもろい人たちの集まった場だったんだなあ、一体感のある場だったんだなあ、と改めて思っています。

7 対話型市民参加の参加者と運営者双方の視点から

1 一〇〇人委員会の参加者の一人からは何が見えていたか

深川：篠原さん、ありがとうございます。ふしざくという場の特徴について良くわかりました。

さて、ここまで、一〇〇人委員会や各区カフェ型事業といった場の運営側の見解について述べてきましたが、ここで少し離れて、参加者側の見解に目を向けてみたいと思います。というのも、今ご報告くださった篠原さん自身もまた一〇〇人委員会に関わった人間の一人だったのですね。一〇〇人委員会での経験を経て、その後home's viにジョインし、ふしざくだけではなく、他自治体の対話型市民参加の取り組みの企画にも関わってこられました。つまりこういった場の参加者側、運営側双方の視点を併せ持つ稀有な立場におられる方でもあります。そこで、ここからは、篠原さんのご経歴の紹介も含めて、お話をお願いいたします。

篠原幸子

深川さん、ご紹介ありがとうございます。改めまして、篠原幸子と申します。

これまでいろんな仕事をしてきましたが、まちづくりや市民活動にはおよそ無縁な人生を生きてきました。にもかかわらず、今やっていることといえば、京都市未来まちづくり一〇〇人委員会の一期から三期、伏見をさかなにざっくばらんの運営をやっていた「場とつながりラボ home's vi」のスタッフをしていたり、京都子どもセンターの理事をしていたり、行政関係の委員もたくさんやらせてもらったりしています。一〇〇人委員会で立ち上げたプロジェクトも、コロナ前は毎年イベントをしていましたし、home's vi では企業や各種法人も担当していますが、行政系のまちづくり事業や市民活動団体を担当することも多いです。と言っても、やっていることは、まちでも組織でも、自分も他の人も尊重できる場、安心して話せる場、一歩踏み出せる場を作ることで変わっていませんが。

このように今やどっぷりまちづくりに浸かっている私ですが、そんな私のほとんどすべては二〇〇八年の市民しんぶんから始まりました。

当時私は、妊娠、出産を経て「京都市、こんなだったらいいのに」というのが結構たまっていたんです。いわゆる「物申したい！」みたいな。子どもができたことで、そのタイミングでいろんな情報が欲しいので市民しんぶんを読み始めました。そうしたらそこに、一〇〇人委員会の委員募集の記事が書いてあって、ここだったらいろいろ言える！と感じたんですね。その意味では、一〇〇人委員会の理念を素朴に勘違いして参加していた人の一人だったんですね。

参加してみたら、北川さんからも紹介がありましたが、京都のまちづくりオールスターみたいな人がすごく多かったんです。私は本当に何もやっていなかったので誰一人、知っている人がいない状態でスタートしました。しかも、予想していた「物申す場」ではなく、「私やります！」の場だったこともびっくりしました。同時に、面白いことをそもそもやっている人や、面白いことを思いつく人が京都にはいっぱいいるんだなと、びっくりさせられる場でもありました。それがきっと面白かったんでしょうね、ちょうど子どもが一歳になったところだったのですが「子連れで行ってもいいですか？」と相談して、わざわざ託児を付けてもらってまで参加していました。一期から三期まで三年間、委員をしました。三期目は皆勤賞でした。

三年間、一〇〇人委員会の活動をして得たもので言うと、「やりたいと言っていいんだ、やってみていいんだ」ということと、ふしざくでの谷さんから報告にもあった「やってみて、できた」という経験だったり、世代や背景を超えて、応援し合える仲間だったり。ここにも今日来てくれていますけれども。あとは、「意見は違っても、物事を悪くしようと思っている人は元々いないんだよな」みたいな実感だったり。

それから、市民と同じ場に立つことというのは、行政の人も怖いんだな、ということも気づきでした。一〇〇人委員会を運営していた行政の人たちには、たぶん、どんなクレームを言われるか、とか、どんなことをさせられるんだろうか、という怖さもあったと思います。けれども、北川さんもそうですけれども、すごく熱い人が担当としていてくれたということ、それから行政には行政のロジックがあることを知れたというのは、私にとってはすごく大きな発見でした。「行政の人の立場が分かる」と言うと少し上から目線ですけれども、行政の人たちがやりやすいようなやり方を「一緒に」考えるということもやり方としてある、ということを学んだことです。あと、一〇〇人委員会を通じてバンド仲間ができたり、今やっているhome's viの仕事である、ファシリテーションという仕事を得たりもしました。

一番大きいのは、勇気を持って一歩踏み出せる一〇〇人委員会のような場を、これからも作っていきたい！という強い気持ちが私の中に生まれたことです。私自身が経験したことを通して、「こういう場がもっといろんな場所にいっぱいあるといいな」とすごく思ったんですね。それでファシリテーションをやらせてもらったのが、京都以外でのまちづくり会議、「飛び出す一〇〇人委員会」とでもいうべき取り組みです。

2　飛び出す一〇〇人委員会と「釜石〇〇会議」

そのひとつとして、homue's vi として震災後の岩手県釜石市で、「釜石〇〇会議」をやっていました。地域、立場、世代を超えていろんな人が出会い、釜石でもっと楽しく過ごすための語り合いができる場所、参加者一人ひとりが「〇〇」に思いや願いを込め、やりたいことを探し、仲間を見つけられる場所、自分自身や他の人のことを知り、釜石の未来を考えやりたいことを見つける場です。

写真 7-1　100 人委員会モデルの横展開

ゴールは参加された参加者同士のつながりが生まれ深くなり、ここにいない人にも広がっているということと、釜石をもっと楽しむために、ちょっとだけ勇気をだして一歩踏み出せるようになっている、それから気がついたら、釜石でのくらしや仕事がちょっと楽しくなっているというようなことです。釜石市の基本計画の中に位置付けられていて、二〇一五年から五年間続きました。

参加者は延べ一、八〇〇人以上、二〇以上のプロジェクトが生まれました。釜石は三万人ぐらいの町で、ちょうど震災の後だったので、支援で入っている人と、元々住んでいた人が半々ぐらい常に参加していました。五年間やっていたので、先ほども中京の事例でもありましたように、「ここに来れば面白い人・コト」に会える場所になっていました。釜石は日本製鉄株式会社などの大きい工場があって、もともと人の出入りがあった地域なので、出入り自由、「来る者拒まず、去る者追わず」というのが風土として根付いていたことも大きいと思います。

釜石の他にも久留米・琴平・二本松・秋田などで、ふしざくのように、まちの人がやりたいことで行動を生み出していくためのまちづくり会議というのが、日本各地に広がっています。来年度はなんと、釜石でできた仲間がインドネシアのアチェでの津波防災でもこの一〇〇人会議のような場を作りたい、と言ってくれて、三年間プロジェクトを立ち上げて活動するグループを作ることをやりはじめます。

3　参加側、運営側双方の経験から、対話型市民参加の場づくりに必要なこと

これらの経験を踏まえて、こういった場づくりにはこれがあるといいな、と思うことをまとめてみました。

第一に、「一人の熱い思い」です。それは行政の担当者でも民間の人でも構いません。とにかく一〇〇人委員会のように、「こういう場を作りたい！」という一人の熱い思いがある状態であること。それがない状態で、いくら組織的に決めても全然うまくいかないと思っています。

第二に、「場づくりは特効薬ではなく漢方薬」です。北川さんもおっしゃっていたように、成果の説明がなかなか難しい取り組みだと思いますが、私は一〇〇人委員会のようなものは特効薬ではなくて漢方薬だと思っていて、じわじわと市民の思いや意識が高まったり広がったりしていくのかなと思っています。だから細くても小さくても長く定期的に続けることが大事です。途中、同じ人ばかりだと思ったり人が来なくなったり、江藤さんもおっしゃっていましたが、うまくいかなかったりと、いろんなことはあると思いますけれども、それでも細くても小さくても長く定期的に続けることはすごく大事なのかなと思います。

ふしざくも、最初はほとんど高齢者しか来なかったのが、だんだんそれ以外の属性の人が増えて来ました。釜石でも三年目でやっと実行委員の人に知らない人が来はじめました。やはりそれぐらい時間がかかるものなんです。じっくり長くやっていく、という意味では、ふしざくや釜石〇〇会議のように、行政と委託事業者で事務局を作り、有志の参加者の実行委員会と相談しながらやっていく、というのは結構いいやり方だったのではないかと思っています。そうすることで、この場をどう作っていくかということが、行政や委託事業者が独り善がりで場を運営するのではなくて、本当に参加者の人たちがこういう場にしたい、という思いで作ることができるので、すごくいい場になるのではないかと思います。

釜石も基本的にはOSTを使ってプロジェクトを創発する場を作っていたんですが、途中でハードルが高いので、チームをつくるのをやめるという回がありました。しかしやってみた後に、「やっぱりチームはつくったほうがいい」という実行委員会メンバーの気づきがあって、再度ＯＳＴをやりました。その代わりにチームをつくらなくていい「ミツバチチーム」というのをつくって、「どこにも参加したくない人はそこに参加してください」というセーフティーネットを設けることでより参加しやすい場になりました。時間をかけて試行錯誤を重ねることで場が育って、効いてくる。このあたりも漢方薬的だと思います。

第三に「参加のハードルを下げること」です。例えば会のネーミング。後はゆるい参加条件とか、基本出入り自由にするとか、チーム活動をしなくていいとか、安心・安全で居心地のいい空間をつくるとか、招待状とか名札の工夫とか、そういったことで参加のハードルがどんどん下がっていくと思うので、それもあるといいと思います。

第四に「主体性を育む仕掛けと工夫」。例えばふしざくでも採用していたＯＳＴです。自分ごとでテーマを決める、チームづくりはひとりの呼びかけから、私がこれをやりますということから始めるということ。それから活動プロセスも基本的には任せる。ほったらかす訳ではないですが基本、やっていることは任せて相談には乗るというスタンスが大事かと思います。

第五に「応援し合える風土づくり」です。谷さんからも、ふしざくが参加者同士相互に応援し合える場だと認識されているという報告がありました。この風土づくりのための仕掛けとして、一〇〇人委員会やふしざくは最後に必ず、集まった人たちが今日こんなことを話したとか、こんなことが決まりましたとか、次はこんなイベントをやりますという発表をする場がありました。そうすることで、そこにいる人たちで応援し合えるような風土づくりがすごく重要だと思います。初期は外部のファシリテーターがいた方がいいですが、やり続けていくとそのうち、参加者自身が自分たちでやりたくなってくるので、自分たちでやっていけばいいと思います。左京朝カフェもそういう流れがあったんだと思います。

最後に「まちの人を信じること」です。どうしても行政の人は、うちのまちの人は、ＯＳＴをやっても自分がやりたいことなんて出せないに違いない、と思っている人が多いんです。でも絶対にやりたいことは出ます、大丈夫です、と断言してＯＳＴをやります。そうすると、誰が一番感動するかと言うと、出せないに違いないと思っていた行政の担当者なんです。やっぱりすごい、わがまちの人たち！となるんです。そういうまちの人のすごさを信じることのできる人を増やすこともすごく大事だと思います。

私は一〇〇人委員会やカフェ型事業というのはそこに集まり、活動していることこそが価値であり、成果であるということを本当にみんなに知ってほしいと思っているので、それをどう理解してもらい、事業として承認してもらうかということもキモなのではないかと思っています。

深川：篠原さん、ありがとうございます。対話型市民参加の場の参加者と、運営者双方の立場をご経験された篠原さんだからこそ語れる話だと思いながら聞いていました。また、北川さんの報告で提起された「場の価値を何と見るか」という問いに対して、「まちの人々がそこに集まり、活動していることこそが価値であり、成果である、そう信じよう」という態度は、大切な心持ちだと改めて思いました。
ここまでの事例報告を踏まえて、パネルディスカッションを開始したいと思います。ここからの進行はモデレーターの谷さんにお願いしたいと思います。

8 パネルディスカッション

1 OSTという手法の拡散と、理念の誤伝承

谷：パネラーの皆さんは、他のパネラーからの報告を聞いて様々な感想を持たれていると思います。まずそこから伺っていきたいと思います。順に振っていきますので、それぞれ前半の議論を聞いての感想やご意見をお聞かせいただけますでしょうか。

北川：一〇〇人委員会の運営者側としては、繰り返すようにローカル・イノベーションと市民参加が狙いだったのであって、新しいコミュニティを作るとか、人と人の関係づくりをしようとかいった意図は実は当初なかったんです。おそらく一〇〇人委員会の方法を受け継いだ各区役所のカフェ型事業も、そこまでは考えていなかったのではないかと思います。しかし他の方々の発表を聞いていて、現場レベルの職員や参加される市民の方々は、そこで生まれる人のつながりや、コミュニティに価値を見いだされておられたのだな、ということを実感いたしました。

市民の主体性、人と人とのつながり、参加された方たち同士のつながりをより強固なものにしようと思うと、運営を含めてそれぞれの人たちが主体的に参加をしていくことが重要で、振り返ってみますと、委員の人たち同士のつながりみたいなもので言うと、一期から三期の方と、四期、五期を比べますと、やはり一期から三期のように、運営の実際に皆さんが携わっていた時の方が、実は人と人とのつながりみたいなものは強く現れているということを感じます。いわゆるコミュニティをつくるという部分の有効性がある。このことについて、そうかこれまであまり考えられていなかったな、という気づきを得ました。

谷：北川さん、ありがとうございます。少なくとも一〇〇人委員会が始まった時点では、参加者の関係づくりというのは重要な要素ではなかった、というのは大切な話だと思いました。一方で運営していく過程で参加されている方は、むしろつながりとか関係ということに価値を見いだしていった。だから一〇年やっている過程で、だんだんそちらに運営側もシフトしていったのかもしれません。今の話を受けて江藤さん、いかがでしょうか。

江藤：北川さんが今おっしゃった主催者である市としての想定って、私も実は今日初めて知ったんですね。われわれ区民は聞かされていないし、区役所に聞いても分からない。まちづくりアドバイザーに聞いても分からない。つまり、実は区役所も区民もみんな「京都市役所がこれをなんのためにやっているか知らない」という状態の中で模索してきたところがある。その模索の中で、コミュニティ、つながりづくりの方へ向かっていった。その辺の、ギャップというか、京都市行政と市民との考えの差はすごく面白かったと思っています。

谷：そうですよね。現場の職員や市民の立場からすれば「行政には一貫したストーリーや政策の思想のようなものがあるはずだ」もしくは「あってくれ」と期待しがちですが、実は意外にないのかもしれない。京都市役所がとても大きな会社だからだ、という組織論的な事情もありそうですが、それだけでなく、理念をトップダウンで下ろして一貫させてしまうことを避け、ボトムアップの余地を残そうとするかのような意図も感じます。

篠原：私も北川さんの発表を見て、行政はこういうことを期待していたんだ、というのを初めて知って面白かったです。一〇〇人委員会にいたときも、そういうのを聞いていなかったので。いや、別にそれが嫌だった、とかではなくて、もし二年目、三年目にそういう行政の目的を私たちが知っていたら、どうだったんだろう、どう私たちは活動したのかな、と想像しました。

翻って、目的が予め明らかでない中で、行政、民間問わずそこに関わる誰もがなんとかしていい場にしよう、なんとか続けよう、どうやったらその場が来た人にとって来て良かったと思う場になるのか、ということにすごく苦心していて、それがいろんな成果を生み出してきたのだな、と改めて思いました。

谷：そうですね。一〇〇人委員会の理念が、意図してかどうかはわかりませんが、末端の区役所まで広がらず、ただOSTという手法だけが各区役所に拡散していった。そして各区役所の現場の職員は、その都度都度、「これをやるとしたら何に価値を見いだしたらいいだろう?」ということを考えながらやってきたのではないか。

一貫した哲学が示されないからこそ、目の前にいる人が来て良かったと思えることを現場の人たちは日々追求していたんだと思いますし、それがおそらく各区のカフェ型事業と呼ばれるものが、それぞれの多様な形をとっていったことの一つの原因でもあるのだと思います。それが結果、カフェ型事業というものの、捉えようのなさ、一言で説明することの難しさの原因になっているのかもしれないなと思いました。篠原さんが言うように、参加者が主催者の思想を知っていたらどうだったんでしょうね。それを語られた方が良かったのか、語られなかったからこそよかったのか。

一方で、一〇〇人委員会から各区カフェ型事業まで理念が一貫しなかったにも関わらず、案外それぞれの事例で起こったことは共通していたと思います。それはもちろんOSTという共通の手法が使われているという点は大きいと思うのですが、面白いですよね。この点について深川さんはいかがでしょうか。

深川：私も、それぞれの報告で共通して関係づくりの重要性が語られていたことが印象的でした。ここでざっくりと「関係づくり」と呼んでいることは、もう少し詳しく見ると、たぶん「一人ひとりに起きたものすごく小さな変容の積み重ね」だったんだと思うんですね。個人が色んな人と出会ってお話をすることで、それに伴って、個人の考え方や行動も変容していく。そうして新たな取り組みができる力がうまく発揮されるのだろうと思います。

谷：なるほど、関係づくりというのは、一人ひとりの小さな変容の積み重ねなのだということですね。関係が変わることで個人の考えや行動が変わる。個人の考えや行動が変わることで関係も変わるというサイクルがある。

共通の帰結という意味では、長期的にやっていく上でマンネリ化していくという課題が、どの区でも共通して語られていたのも興味深いですよね。長期的に実施して場がなじんでいけばいくほど、新しい人が減っていって、伊藤先生のおっしゃる親密圏に近寄っていき、ますます新しい人が入りにくくなる。新しい人が入りにくいから対話から気づきが減るし、新しい組み合わせも生じなくなり、ローカル・イノベーションが起こりにくくなる。結果、目立った成果が出ないから、抜けられる人から抜けていく、みたいなサイクルが、どの事例にも起きていたようです。ＯＳＴという手法の限界というか、コミュニティ圏を維持することの難しさを感じました。

ここまでの話を踏まえて、当学会の研究企画委員長の乾亨先生に論点の整理をお願いしたいと思います。

2　議論の前置き

乾：ありがとうございます。まず私の立場を説明しますと、私自身の関心は市民参加や地域自治、コミュニティベースドのまちづくりが中心にあります。しかしちょうど一〇〇人委員会が始まったあたりから京都市との関わりを持たなくなったというのもありますから、この一連の政策については当事者として分かっていません。なので、少し外側、斜めからの視点で整理をしてみたいと思います。

整理をする前に、前置きをします。それは、この政策が「多様な立場での関わりがある制度だから、それぞれの立場で評価が分かれる」ということです。

まず、一〇〇人委員会にしろカフェ型事業にしろ、市が主催して市の委員会として立ち上げて、問題解決していくものである以上、市は一定の責任を持たないといけないはずですよね。一方で、その中で起こる出来事、つまり多様な市民が出会って予想外の動きを生み出すというのは、市がコントロールできない、責任を持ちようのない部分です。この二つの側面が一つの政策に備わっている。カフェ型事業に限らず、市民参加やコミュニティ政策では、必ず付いてくる。これを「コミュニティ政策の責任の二重性」といいます。

さらに、この場を作っていった市民も一枚岩ではありません。ここまでの話を聞いてもわかる通り、色んな人が関わってきた制度でした。行政だけでなく、場を仕掛けていった人、まちづくりアドバイザー、プロフェッションとして関わるような立場を持っている人、そして呼びかけられた市民。そのため、特定の一つの立場からの一面的な評価ができない制度なのだと思います。このように、「多様な立場での関わりがある制度だから、それぞれの立場で評価が分かれる」ものであるがゆえに、歯切れの悪い、モヤモヤとした言い方になることをご了承ください。

3 論点の整理

このように前置きした上で、これからのディスカッションに向けて論点を述べます。

第一の論点が、「カフェ型事業の効果」です。

深川さんや篠原さんが主に言った話でもありますが、「わたし」からまちづくりをスタートするという考え方があります。昔から僕や僕の恩師にあたる延藤安弘先生は私発協働という言葉を使っています。弘前大学の北原先生は格好良く「〝わたし〟からほとばしる公共性」という言葉を使ったりする。「わたし」が自己発見し啓発していき、つながりができていく。そういう市民の力が高まっていくようなインフラを整備した政策としての面があったと思います。とすると、このインフラにどういう効果があったのか、どこまで広がったのかということが一つの論点になるだろうと思います。

第二の論点が、「カフェ型事業の活性化の成立要件」です。

先ほど、江藤さんが三種の神器が大事だったという話をされていましたし、ふしざくで事務局とリーダー会議が大事だったという話もされていましたが、そういう活性化の成立要件は論点になりそうです。ただ、これらはあくまで表面的な話で、より本質的には、カフェ型事業では特に「人」の影響はとても大きいと言えそうです。例えばふしざくは、篠原さんという「人」がいることによって、もしかしたら活性化したのかもしれない。「私一人の力ではない」と篠原さんはもしかしたらおっしゃるかもしれないけれども、だとすると、まちづくりアドバイザーに面白い「人」がいたからとか、市の職員にすごくやる気のある「人」がいたからとか、そういう一人ひとりの「人」の話がすごく大事な制度なんですよね。それは参加される市民もそうです。ここに参加した「人」にすごく面白い人がいたかもしれない。とすると、どういう人が誰とどのように出会って何が起きたのか、つまり「物語」を追いかけていかないといけない。ただこれは、学術的に一〇〇％一般化できるような話ではありません。ただ、これはそういう政策なのだと考えて、一人ひとりに起きた物語としてまとめ上げていって、メッセージが発せられるべきだろうという気がしています。

第三の論点が、「京都市としての評価」です。

市行政はあまり目的を語らなかったし、現場も聞かされていなかったという話は非常に興味深かったですが、市行政としてはカフェ型事業の現状をどう評価するのか。その背景には、もっと大きな話として、市行政は市民とどうつながっていくつもりなのか、という問題がある。パートナーシップとか市民参加といった言葉も同様です。ただし、繰り返しになりますが、この手の政策には責任の二重性がありますから、行政だけでなく関わった人々それぞれの立場からの評価が必要とは思いますが、京都市としてどう見るのか、という論点があるように思いました。

谷：乾研究企画委員長、ありがとうございます。「カフェ型事業の効果」「カフェ型事業の活性化の成立要件」「京都市としての評価」という三つの論点を提示していただきました。乾研究企画委員長の整理を踏まえて、皆様にコメントをいただければと思います。ではまず北川さんから、いかがでしょうか。

4 「安心安全な対話の場」というインフラの敷設

北川：「京都市としての評価」についてコメントします。

一〇〇人委員会では「イノベーション」と「市民参加」という二兎を追ったという話をしました。その観点でいくと行政としては、「どんなプロジェクトが生まれたのか」という点が京都市役所にとって一つの成果指標となっていましたし、我々も説明がしやすいと思っていました。上からも、そういった部分で成果を出せということを結構うるさく言われていたような記憶があります。おそらく一〇〇人委員会だけではなくて各区のカフェでも似たような状況があったのではないかと思います。

ただ、この指標は、「説明がしやすい」というだけで、全てではないと思っています。これらの成果を出していく上の手段としてコミュニティづくりが重要という認識がありました。つまり人の関係性や、違う人たちとつながることで何か新しいことが起こるかもしれない、それぞれの人たちが変わっていくかもしれないという期待はありました。

その観点で「カフェ型事業の効果」について述べると、この取り組みによって多くの人たち、一〇〇人委員会で言いますと四五〇名もの人がこの委員会に関わったわけですけれども、この人たちがそこでの経験をきっかけにある種、開かれたと言いますか、自分の社会的な役割やそういうものの自覚がすごく高まったのですね。これがどれだけできたか、というのも、当時運営していた私たちが重視していた効果だったと思っています。

今日のシンポジウムでもそうですが、いろんな場面で一〇〇人委員会や各区カフェでお見かけした方たちを、いろんなまちづくり活動の場面や勉強会で見かけるんです、今でも。つまりそういうところに関わった人たち自身が変わって行動も変わったということにつなげられた。場を設置した私たちの立場としては、こういう対話型、つまり平場でいろいろな人たちが出会いながらつながっていくようなインフラを整備したことの成果は、それが一〇〇人委員会の四五〇人、カフェの参加者を加えますともう一つ桁が変わるというような、そういった自ら動き出す市民がたくさん生まれたことが僕はすごく成果だったと思うんですね。それを可能とするインフラを設けたこと自体を、京都市役所としては成果として見るべきなのではないかと思いました。

江藤：北川さんのお話を引き継いで話すと、ＯＳＴという手法に備わる思想、「自由に発言できて、かつ否定的な意見が出ないで、みんなで楽しく話し合える場を作る」みたいな価値観の経験者がたくさん京都に増えた、というのが「カフェ型事業の効果」として一番大事かなと思っていました。うちの朝カフェでも、「こんな場があったのか！」という驚きを定年を超えた方が言っているんです。「今までこんなコミュニケーションをとったことがなかった！これはすごい！」と言われて、僕はそうは思っていなかったんですけれども、それだけすごいことなんだということを、やはり実感している人が京都中にたくさん増えたことは大きいと思っています。これはまさにこの政策の効果だったと言っていいと思います。

しかし、このことが「京都市としてどう評価されるか」については、私もまだよく分からないです。個人的には細く長くセーフティーネットとして続けられたらいいなと思っています。ただ、中京区がマチビトCaféを始めたときに、確か当時一〇〇人規模でガンガン人が来ていて、あれが結構私の中で脅威だったというか、まちづくりカフェはこれだけ人を呼んで何かをやらないと成果として認められないんじゃないか、という恐怖心がすごくあったということを覚えています。左京朝カフェは頑張っても五〇人ぐらいだったし、一番低迷しているときは一〇名来ないこともありました。これをどう捉えるか、という話をメンバーとした時に、五名なら五名、一〇名なら一〇名でも、コミュニケーションのレベルは深いところまで話がじっくりできる事が大事だという考えに落ち着きました。運営する区民としては、成果指標は自分たちの中での納得の問題としての面があったと思っています。

ただ、北川さんのおっしゃったように、生み出したまちづくりプロジェクトの数を評価指標とする方向に京都市が行くのであれば、その「成立要件」をおさえなければならない。我々の経験でいえば、ボランタリーでやっていくのは非常に難しいです。さっきの三種の神器ではないですけれども、しっかりとお金も人もつけてやっていかないと、きちんとしたマッチングや、狙いをつけてものを生み出していくというようなことはできない、と現場としては感じています。

私としてはセーフティーネット的なプラットフォームであれば、もっとたくさんあったらいいと思っていまして、朝カフェはありがたいことに行政と連携してやることができましたけれども、一方で行政が関わるものはあまり好きじゃない、という区民もいるわけです。このように、左京朝カフェみたいなものには参加したくないという人もおそらくいるでしょうから、もっといろんなカラーのプラットフォームがたくさんあったらいいのに、というのはすごく思っています。そういうプラットフォームがもっと複数できるような支援があってもいいのかなと。

深川：北川さん、江藤さんのおっしゃったことと同じで、私も対話のインフラを作るということは京都市としても一定程度できたと言っていいと思っています。中京マチビト Café、そしてクーチャーセンターを作ることで、ローカル・イノベーションの土壌ができたと思っています。

その上で、まだできていないと思うのは「個人の心を問うインフラ」です。なぜかと言うと、中京マチビト Café などで関わった「わたし」発の取り組みの中で、「なんで私はこの取り組みをやっているんだろう？」とか、「何が達成されたらこのプロジェクトは終わるのだろう？」というモヤモヤを抱えながら走っている人たちをたくさん見かけたからです。「あなたはなぜそれをやるんですか？」とか、「何を大切な価値にしていますか？」というようなこと、個人の心に関わるものも区役所に来れば解決できるようなインフラがほしかったんですね。実験的にＮＰＯと協力しそういうワークショップを実施したこともあります。

「わたし」発のまちづくりがスタンダードになるとするなら、「わたし」たちが本当にやりたことを見定められなかったり、心理的に負担を感じたりしてきたときに、それをどう解消していくか、という個人の心の問題まで扱える社会インフラが成立要件として必要であるように思います。

一方で、京都市役所の職員の立場からすれば、負担が大きい取り組みだったと思います。江藤さんはボランティアではやりきれないとおっしゃっていましたが、おそらく現状の京都市職員の体制だけでもやりきれないと思います。たくさんの取り組みが生まれれば生まれるほど、一つひとつを丁寧には追えなくなっていきます。まちづくりアドバイザーの業務もどんどん増えていって、時間も力も足りなくなっていきます。

結果としてみれば、京都市として目指す成果に対して投入する資源が足りなかったと思います。とはいえ、カフェ型事業自体が基本計画と一緒に動いているものなので、その時々の事情でやめられない。私自身としては、実は五年目か七年目ぐらいで中京マチビトCafé は終えて、クーチャーセンターに移るべきだと思っていたんですけれども、計画上一〇年続けなくてはいけないとなっていたので、転換の時期を逃したという思いはあります。こういう事情も評価の材料に加えるべきと思ったのでお話ししました。

篠原：皆さんのお話を聞いていて、これはカフェ型事業の効果として、やはり「いろんな人が出会って安心安全に話せる場」というインフラは、必ずしもそれ自体が目的、ゴールではなかったとしても、参加者にとってはすごく大きな意味があったのではないかなと思います。

特にこの取り組みを「行政が主催していた、ということ」自体にも大きな意味があると思っていて。やはり民間ではなく公共が主催することの安心感は、参加者にとってものすごく大きいです。そのことは京都市として高く評価していいと思います。

その意味で、先程乾先生が「京都市は市民とどうつながっていくつもりなのか」という話をされていましたが、これまで京都市が主に関わってきた既存の町内会や各種団体ももちろん大事だけれども、それとは異なる、いわば「新しい町内会」づくりの面があったと思います。そういう行政と市民との関わり方の一つとしてカフェ型事業のようなものが継続的にあった方がいいのではないかと私は思っています。すぐ目に見える成果、例えばビジネスを生みだす場とかなら、民間がもう今やっていると思いますし。そうじゃない部分だからこそ、行政がやる意味、価値があるのかなという風に思います。

谷：皆さん、ありがとうございます。ここまでのお話を伺っていると、カフェ型事業の効果としては、場を通じて作られるつながり自体に価値があったということと、そこでのやりとりを通じて自由に対話できるコミュニケーションの形があるという学習などの形で個人の変容を市民がしたということ、そして京都市としては、それを可能とする公的なインフラを敷設した、ということ自体を高く評価していいのではないか、ということが、どうもパネラーの皆さんの語りから見いだせそうです。

一方で、ここで私たちが見いだした評価は、公的な、つまり主催者である京都市の主要な評価基準とイコールであったかと言うと必ずしもそうではなかったということも見えてきました。というか、そもそも北川さんのお話によれば、ステークホルダー間で合意された評価基準がなかったように聞こえます。なので、実は京都市役所として評価しようにも、何が成果なのか、というところからうまく定義できない代物としてあったようです。だから、その時々の参加者やその場の職員が模索する必要があったし、その余地があった、結果、京都市が当初予想していなかった価値が生まれた、というように整理できそうに思います。

その上で、この政策を本当にきちんと評価しようとするなら、深川さんもおっしゃるように、表面的な分析ではなく、参加者一人ひとりが、「私はなぜここに参加するのか？」「参加して何を得たのか？」と内省する必要が出てくる。まさに乾研究企画委員長も指摘されていたように、この場の価値というのは主催者だけでは決められない、参加者一人ひとりの評価が折り重なってできるものだ、という話になりそうです。

9 フロアとのやり取り

1 「二兎」を一つの事業で追うのは難しい

時間の関係で少しだけになりますが、フロアからのご質問も伺いたいと思います。まず北川さんに質問です。「二〇〇人委員会では一石二鳥、二兎を追う状態を目指したという話をされていましたが、それを実現するためのアイデアはありますか？」というご質問ですが、いかがでしょうか？

北川：一つの事業で二兎を追うことの難しさについては先程申し上げた通りです。なので、二つに分けた方がいいのではないかと思っています。

イノベーションをつくっていくことを第一に考えてやっているのが、私が先ほど説明した〝みんなごと〟のまちづくりの推進事業、あるいは中京クーチャーセンターです。スピード感を持ってプロジェクトの問題解決力を高めようということであれば、やはりある程度メンバーの質を揃えるというか、実行力、財力、知識経験の近い人たち同士の協働の中で進めていく方が効果的なのではないかと思います。とすると、カフェ型事業のように自由参加制はちょっとそぐわないなと思います。だからメンバーシップを限定する事になると思います。

一方で、市民参加と市民の変容を第一に考えるなら、市民がいろんな人たちと出会い、対話をするのが有効だ、ということが一〇〇人委員会の経験からわかりました。対話の効果というのは、例えば、ある人が「私はこうしたい」と思っているとして、でも他の人たちと話しているうちに、「あ、これは違うかもしれないな、もっと他に効果的なやり方があるかもしれないな」というように、いわゆる気付き、成長につながったりする。このように、立場の違う人、肩書きの違う人、経験の違う人たちと、ひとまず、その人がどういう人かということの肩書きを片隅に置いておいた上で語り合う、純粋にそれぞれが持っているものを出し合って語り合う場が、市民一人ひとりの成長につながっていくことがあると思います。

市民参加という観点で言えば、いわゆるイノベーション、まちづくり活動につながらなくても別にいいんですよ。「とりあえずあなたのできる範囲であなたの生活を少し変えるというような行動でもいいですよ」と呼びかける取り組みです。例えば私が右京区長として手掛けた「右京コトハジメテラス」[1]は、まさにその辺を意図していました。

この二つの事業がメニューとしてそろうことで、二兎を追う事ができるのではないかと思っています。

注

1　右京区で実施されているカフェ型事業の一つ。誰でも参加でき、まちやくらしについて語り合う場。定期的な交流機会を提供している。出典：右京ファンクラブネットウェブサイト https://ukyofan.com/kotohajime/

谷：ありがとうございます。市民参加と課題解決という二兎を追うのは難しいから分けた方がいい、というのは、まさに二兎を追う難しさをご経験された北川さんならではのお答えだと思いました。

2　カフェ型事業は既存の地域団体に人材を供給できたか

谷：もう一つ質問です。おそらくカフェ型事業の参加者の方だと思います。「行政としては、カフェ型事業の参加者が地域団体の担い手に将来的になってくれるだろうということが期待されていた面があったと思いますが、蓋を開けてみるとその可能性が少なくて、地域団体の担い手を期待することをちらつかせた結果、参加者が離れていったということがあったように思います。カフェ型事業参加者と、いわゆる地域団体の担い手というのはどのように異なるものなのでしょうか？」という質問です。この点についてはいかがでしょうか。

深川：確かに中京区役所では、中京マチビトCafé を入り口として地域組織に入り込むであろうという予測もありました。しかし、実際にはそうはなりませんでした。

やってみて思ったのは、地域団体に入って活動するには、何年か下積みがいるとか、信頼関係を築くのに時間がかかるとかいう事情から、参加する上で負担感が大きい。かといって、やめたいと思ったときにやめられるわけではない。地域組織のこういう側面が中京マチビトCafé の参加者層からは敬遠された面はあったと思います。

加えて、地域団体はその地域全体がサービスの提供範囲ですが、中京マチビトCafé に集まってくる人たちは目の前の人の笑顔のためとか、自分の属するグループのためというように、サービスの範囲（貢献の範囲）が比較的狭い。良いか悪いかは別にして。そのあたりが異なって、予想よりも交わっていかなかったのかもしれません。

江藤：左京朝カフェの場合、そもそも地域団体への人材供給という成果指標を掲げていなかったし、参加者にも地域団体の担い手になることを目指している人たちはそんなに来ていなかった感じがします。

深川さんの言うように、地域団体に入るのは結構ハードルが高いんですよね。僕のような移住者にはなかなか縁遠い。ＰＴＡも子どもがいないとそもそも関わりさえもできないですよね。地域団体って、カフェ型事業に関わった程度で参加できるようなものではないように思います。

一方で、左京朝カフェの参加者には地元の人は結構少なくて、僕のような移住者が多いんです。移住して来た人たちが、地域の中でつながりをつくりたいけれどもどうしたらいいか、という時に、ハードルの高い地域団体に比べて、左京朝カフェはすごく入りやすい場所だったんだろうと感じています。一回参加して、しばらく来ないけど、その間はＳＮＳで継続的に見ていて、何年か経ってからまたフラッと来る、ということもたまにある。左京朝カフェとしては、そういう場になっているだけでも十分かなと思っています。

谷：ありがとうございます。地域団体のリクルーティングという期待は、指標の一つとしてなくはなかったんだろうし、ここでの対話を通じてまちづくりに関心を持った人が将来的に地域団体の担い手になる可能性はあるとしても、一年、二年で結果の出るような成果ではないように思います。その意味では、成果をどれくらいのスパンで見て評価するのか、ということも重要な論点であるように思いました。

3　「他人と集まるのが好きな訳では無い人見知り」な人が関わることの意義

谷：「裏方、黒子に徹して全体を見渡すファシリテーターのおかげでまちづくりが進んだ部分があると思いますが、ファシリテーターをすることの他に、ファシリテーターや区の職員、市の職員がその立場を横に置くと、どんなことをしたいのだろうか？ということを聞いてみたいと時々考えることがありました」という感想を頂いています。
　江藤さんだったら地域のセーフティネットをつくりたいというのが回答になったと思いますが、篠原さんはどうでしょう。

篠原：私は、本当にあほらしいけれども、来た人たちと毎回飲み会をするとかして、そこに来た人とのつながりをつくることをすごくやりたいと思うんじゃないでしょうか。

谷：さすが、篠原さんらしい答えを聞けて嬉しいです。深川さんはどうですか。

深川：一参加者として参加したらということですかね？

谷：そうですね。事務局とかの役割を横に置いたとしたら、どのような動機で参加するかということだと思います。

深川：私個人だとしたら、たぶん参加していないと思います。

谷：その心は？

深川：そもそも私は人見知りであるということもありますが、たぶんファシリテーターとしての立場がなかったら私は参加していないんじゃないでしょうか。

谷：ありがとうございます。深川さんならきっとそう答えるだろうと思って振りました。実は私も同感で、私も人見知りだし、知らない人とむやみに集まるのは得意ではないので、たぶんお仕事じゃなかったらこういう場に関わっていなかったんじゃないかと思います。

でも、そういう人が仕事として関わっていることが大事なんじゃないかとも思っています。というのは、先ほど乾研究企画委員長や北川さんからもご指摘がありましたが、本気でこのプロジェクト、場をきちんと維持していこうと思ったら、プロフェッションを置かないといけない。江藤さんも言っていたように、ボランタリーでは無理がある。人の出入りする場の維持という、ものすごいエネルギーのかかることを、ボランティアの範囲でやっていこうとすると、奇妙な言い方ですが「人とつながりたい人」しか参加しないという、偏った、画一的な場になってしまう。それはそれで、多様な人の集まる場としては限界がある。ここは大事なポイントだと思ったので質問を拾わせていただきました。

4　自治体としての転換期に起こること

谷：ここまでで、乾研究企画委員長から提示された論点について、パネラーの皆さんのご見解を伺ってきました。以上の話を踏まえて、名和田会長に一言コメントをいただきたいと思います。

名和田：パネラーの皆さん、お話ありがとうございます。大変刺激になるお話でした。ここまでのお話を伺いながら思い出していたのは、九六年から横浜市が始めたパートナーシップモデル事業でした。横浜市各区で行われたものですけれども、それと非常によく似ているなと思いながら聞いていました。横浜市のパートナーシップモデル事業も、目的や成果が事前にはっきり定義されないまま手探りで進められてきたものでした。

京都市のカフェ型事業も同様で、こういう新しい、目的や成果がはっきり定義されない事業が出てくる背景にはたぶん、市長の強い思いがあるとか、財政等の転換期であるとか、何か新しいことにチャレンジしないといけないとか、そういう事情があるのだろうと思います。そういう事情の中で、一言では整理できないようなことをやって、みんなで試行錯誤して、その経験が職員たちの中にもそれなりの遺産を残していくことになる。

横浜市のパートナーシップモデル事業でも、そのときに頑張った市民派の職員たちが改めて成果を整理して検証しようとしています。そういった検証の一つとして、今日のシンポジウムのお話もあるように思いました。

今、まさに同じようなことをやっていると思われるのが川崎市です。ＳＤＣ（ソーシャルデザインセンター）という取り組みをやっていますが、川崎市は先行している京都市の例からぜひ学ぶべきだと感じました。

こうして並べて見ても、自治体としての転換期に、一言で説明しづらいような市民参加型の事業をやっていくべき時期というのがあるんだと思います。そういう文脈の中で検証されるべき事業だと思いました。

谷：名和田会長、ありがとうございます。自治体としての転換期ならではの現象だったとするなら、一〇〇人委員会やカフェ型事業それぞれの評価だけでなく、このトレンドを経て京都市行政がどう転換したのか、ビフォーアフターまで視野に入れて評価する視点が大事だなと感じました。

10 パネラーの感想

1 世の中は「一人ひとりがどんな人であるか」でできている

ではここまでの話を踏まえて、パネラーの方に一言ずつ感想をいただいて、このパネルディスカッションの時間を終えていきたいと思います。北川さんからお願いいたします。

北川：わたしは、このカフェ型事業や一〇〇人委員会を通じて、何も新しい市民のつながり、コミュニティをつくろうということを意識していたわけではありません。ここでの経験を通じて、ちょっと変わった人たち、「変わった」というのは「変な人」という意味ではなくて、「この経験を通じて自らの中に変容が生じた人たち」という意味ですが、彼ら彼女らがどのように既存のコミュニティに関わっていくかということが実は一番大事だと思っています。

カフェ型事業のような、安心・安全な対話の場、つまりそこへ行ったら何かを押しつけられるのではないか、とか、何か背負わなくてはならなくなるのではないか、という恐怖感のない場であれば出てくる人が一定いるし、またそういう場であれば行ってもいいよ、そこなら何か自分が貢献できるよと思っている人たちがいることが分かりましたし、さらにこの事業を通じて増えてきていると思います。

ではそういう人たちを、今までのコミュニティは、どのように取り込んでいけるのか、どのようにこの人たちを生かしていくのか。その意味ではボールは実は既存のコミュニティ側に今あるのではないかと非常に強く感じています。この次のコミュニティ政策を考えるときは、そこが大きなポイントになるのではないかと個人的に思います。以上です。

谷：ありがとうございます。続いて江藤さん、お願いいたします。

江藤：今の北川さんのお話は、行政組織にも言える話だと思っています。チャット欄にいただいている「行政側の市民参加スキルを育む必要がある」というコメントもまさにそうだと思っています。われわれ左京朝カフェでは、職員が担当者として異動してくると「今回の職員どう？」という話になるんです。私たちが担当者に話を持って行った時に、グレーな問題を白か黒で判断してしまう方が多くて。それはよく分かるんですけれども、一年もかけると個性も出てきてグレーの相談をきちんとグレーに対応できる判断力を持ってくれるようになります。そういう職員の方々がどんどん増えてほしいと。その方々がきっと将来、まちづくりアドバイザー的な存在になると思いますので、行政側の方の変容も期待できればと思っています。今日はありがとうございました。

谷：行政職員も一人の市民としてこの場に参加して、変容を経験していくことは、私たちもふしざくをやっていると見ていたことでした。ありがとうございます。続いて深川さん、お願いします。

深川：先程、「仕事でなかったら参加してなかっただろう」と言いましたが、誤解のないように言っておくと、私は中京マチビトCaféは大好きなんです。行政だけではなく、市民のみなさんと一緒につくってきた場だと思っていて。参加者の市民の方が、お茶を出したり、音楽を弾いてくれたり、託児をしてくれたりしました。この経験自体が、私にとっては財産です。江藤さんのコメントにもありましたけれども、左京や伏見が運営を区役所外にお願いしている一方、中京では区役所主催にこだわってきました。

それは、中京マチビトCaféを、市民と協働で良い場にしていく経験を通じて、新人職員にやって良かったと思ってもらいたかったからなんですね。職員にとって、最初に出会う協働のあり方でイメージが出来上がってしまう。最初に悪いお見合いをしたら、これから先も、協働って嫌で大変だな、と思うかもしれない。そうではないよ、と学べる場を区役所としてもきちんとつくり続けることが必要だと思ってきました。

この一〇年のカフェ型事業のムーブメントを経験した人たちと、その次の一〇年に何をしていくかということを考えていけたらと思います。ありがとうございます。

谷：深川さん、ありがとうございました。今の深川さんの話を踏まえると、先ほど北川さんが言ったように、この一〇年のカフェ型事業での対話を経験した市民が地域団体に、あるいは行政の中に入っていくのかもしれない。そういう中長期的な影響もひとつの成果指標になるのかもしれませんね。では続いて篠原さん、お願いいたします。

篠原：今のお話を聞いて思い出したのですが、一〇〇人委員会やカフェ型事業をやっていると、行政の担当者の人が「新人の研修の場にしたい」とよく言ってくれるんです。本当にいい場だと思ってくれているようで。中長期的な影響という意味では、私は、こういった場づくりは「ずっとやり続ける」というのを本当に推しているんです。一〇〇人委員会や〝みんなごと〟のまちづくりと、北川さんがずっと関わってきたことにすごく意味があると思っていて。

　そんな北川さんが区長として作られた右京区の基本計画」があるのですが、皆さん、ぜひ見てみてくださ い、すごく素敵な計画で、私はよくオッケーが出たなと思っているんですけれども。本当に北川さんがずっと思っていたことが形になっていると思うので、ぜひ見てください。

谷：北川さん、もし右京区の基本計画についてコメントがあればいかがでしょうか。

北川：私は、行政事業というより世の中にとって、「一人ひとりの考えや行動がどう変わっていくか」ということがとても大事であると思っています。頑張れる人だけが頑張っていても世の中は変わっていかない。でも一人の人が周囲の人全てに強い影響を与えることもある。結局世の中は「一人ひとりがどんな人であるか」でできているのだな、という考えに、いろいろやっていく中で私もたどり着きました。

　この考えが、この基本計画の中に凝縮されていると思います。あまり役所の基本計画らしくないです。一人ひとりが変わっていくためには、どういうプロセスを踏んだら変わっていけるかということが書かれている手引き書のようになっていますので、ぜひ皆さんもご一読いただけると。右京区役所のホームページからもダウンロードしていただけます。ぜひ。ありがとうございます。

谷：北川さん、篠原さん、ありがとうございます。このオリジナリティあふれる区の基本計画を皆さんも一度、ご覧いただければと思います。これで、いったんパネルディスカッションの時間を終えたいと思います。皆さん、長時間ありがとうございました。では深川さん、進行をお願いいたします。

注

1　京都市では各区で基本計画を策定している。ここでは第三期右京区基本計画（愛称「みんなでつくる右京」）のことを指している。区民参加型で作成され、二〇二一年に公開された。出典：右京区役所ウェブサイト https://www.city.KYOTO.lg.jp/ukyo/page/0000288400.html

11 まとめ

1　京都の対話型市民参加事業を考えるスタート地点

深川：谷さん、皆さん、ありがとうございました。それではこのパネルディスカッションのまとめを乾研究企画委員長からお願いいいたします。

乾：皆さん、長時間たくさんの話にお付き合いいただいてありがとうございます。今日の話、とても中身の濃い重い話、大事な話があったと思いますが、たぶん実際に一〇〇人委員会やカフェ型事業に参加したことのあるフロアのみなさんには、もっとしゃべりたいことがあっただろうと思います。そういう場を設けられずに非常に申し訳ありませんでした。それをまず一つお詫びします。

まとめといっても、正直言って、まとまらない話になってしまうと思っています。

パネラーからの報告やディスカッションを聞いていて、パネラーも参加者も、この京都市のカフェ型事業というものに、モヤモヤしたものをたくさん抱えてこの場に来ているのだろうと、今の話を聞いていて思っています。今日はそのモヤモヤをまな板の上に乗せることくらいしかできません。

ただ、それには非常に大きな意味があると思います。このモヤモヤをこれから意味づけていく、というのは、繰り返しますが、研究者や行政だけでできるものでもない。プロフェッションだけの目からでも駄目で。そこに参加した人たち一人ひとりの物語が重要になる。たぶんそういうものだということだけは少なくとも今日の段階で明らかになったと思っています。

とりわけ、先ほど会長も言いましたように、この取り組みを、京都だけの特殊な出来事として終わらせるのではなくて、日本各地のいろんな場面で起きていることの一例として考えていく。今日はそのスタートラインだと私自身は思っています。

ですからみなさん、その研究プロジェクトにぜひ参加してください。それこそカフェ型事業のような開かれた場ですので。学会に入らなくてもそういう場に出てきて、そのモヤモヤの根っこをちょっとずつみんなで話し合っていく。それが進んでいくことを期待して、今日のおしまいのあいさつにしたいと思います。今日は長時間、ありがとうございました。

深川：乾企画委員長、ありがとうございました。モヤモヤという言葉がありましたけれども、たぶん最初よりも余計モヤモヤしたのではないかと思いますし、このチャット欄のざわつきが、一人ひとりもっと発言したかったよ、という表れだと思って受け止めていきたいと思います。ぜひ今後の研究プロジェクトに参加していただければと思っております。

それとともに、この場に集まった多くの人がカフェ型事業に関わっていた方だということに鑑みても、この場自体が京都市のカフェ型事業によって支えられていると感じます。改めて感謝いたします。今日は少し時間が長くなりましたけれども皆さん、ありがとうございました。またいろんなところで引き続き話していけたらと思います。登壇者の皆さん、参加者の皆さん、どうもありがとうございました。

北川：今後の勉強会が、リアル開催されるのでしたら、私はコーヒーを入れに行きます。

谷：北川カフェ店長も来るかもしれないということです。皆さん、楽しみにされてください。

深川：それでは本当の閉会ということで、皆さん、どうもありがとうございました。

篠原幸子

NPO 法人場とつながりラボ home's vi スタッフ兼理事。1970年生まれ、福岡育ち。「誰も悪くしようと思っていない」「みんな違って大変だ」からこその関係性構築やコミュニケーションスキル、自分を知ること、100 人委員会モデルなどのプログラム設計・ファシリテーションを、業種や分野・法人個人を問わず提供している。子どもの成長に伴い「学校」「生きづらさ」も気になっている。台湾・韓流華流ドラマと音楽・器に熱を上げており、なかなか話が止まらない。たまに歌うたい・スナックのママ。

乾　亨

立命館大学名誉教授・学術博士・コミュニティ政策学会副会長・真野地区まちづくり推進会相談役

1953 年、博多生まれ。1979 年、建築系学科修士課程修了。設計者として、京都で住民参加の住まい・まちづくりを支援。1994 年、熊本大学博士課程修了。はからずも立命館大学の教員になり、京都市の市民参加に関わりつつ、ゼミ生たちとともに神戸の真野地区をはじめいくつかの地域でまちづくりのお手伝いをしてきました。

著書に「マンションを故郷にしたユーコート物語〜これからの集合住宅育て」(共編著、昭和堂、2012 年)、「神戸市真野地区に学ぶこれからの『地域自治』」(東信堂、2023 年)ほか。

著者一覧

谷　亮治

京都市まちづくりアドバイザー。大学講師。博士(社会学)。1980年大阪生まれ。京都市まちづくりアドバイザーとして、伏見をさかなにざっくばらんの企画、運営に2011年から2020年まで関わる。代表作に『モテるまちづくり』シリーズ(2014年〜)がある。

深川光耀

花園大学 社会福祉学部 准教授。博士(社会学)。コミュニティ政策学会 理事。1980年佐賀市生まれ。神戸市長田区真野地区の住民主体のまちづくりに学ぶ。専門は、住民主体のまちづくり、対話の場づくり。京都市まちづくりアドバイザーとして、中京マチビトCaféの企画と運営に2011年から2019年まで関わる。著書に『私発協働のまちづくり 私からはじまる子どもを育む地域活動』がある。

北川洋一

(公財)京都市景観・まちづくりセンター専務理事。前京都市右京区長。1961年生まれ。1984年から2021年まで奉職した京都市役所では、未来まちづくり100人委員会はじめ、キャリアの約2/3が市民参加や市民活動支援に関する業務従事というやや変わり種。小心者で逃げ足が速く夜行性なので前世はおそらくウサギ。ブルースバンドのドラマー、アングラカフェのマスターなどの顔も持つ。

江藤慎介

株式会社地域計画建築研究所(アルパック)地域産業イノベーショングループ チームマネージャー。1983年東京生まれ、京都市左京区在住。専門は産業政策、文化・創造都市政策。プライベートでは「みんなでつくる左京朝カフェ」などに関わっている。たまに忍者。

コミュニティ政策学会監修

まちづくりブックレット　8

まちづくりにおける「対話型市民参加」政策の見た夢と到達点
――京都市 2010 年代の「カフェ型事業」の経験から

2024年7月30日　　初　版第1刷発行　　〔検印省略〕
定価は表紙に表示してあります。

谷　亮治・深川光耀・北川洋一・
著者©江藤慎介・篠原幸子・乾　亨　／発行者 下田勝司　　印刷・製本／中央精版印刷

東京都文京区向丘 1-20-6　　郵便振替 00110-6-37828
〒 113-0023　TEL (03) 3818-5521　FAX (03) 3818-5514
発行所 株式会社 東信堂

Published by TOSHINDO PUBLISHING CO., LTD.
1-20-6, Mukougaoka, Bunkyo-ku, Tokyo, 113-0023, Japan
E-mail : tk203444@fsinet.or.jp　http://www.toshindo-pub.com

ISBN978-4-7989-1921-8 C3036
© Tani, Ryoji　Fukagawa, Koyo　Kitagawa, Yoichi　Eto, Shinsuke
Shinohara, Sachiko　Inui, Kou

東信堂

まちづくりブックレット

1. 自治会・町内会と都市内分権を考える　名和田　是彦　一〇〇〇円
2. 宮崎市地域自治区住民主体のまちづくり　宮崎市地域振興部地域コミュニティ課 地域まちづくり推進室 石井大一朗編著　一〇〇〇円
3. 横浜の市民活動と地域自治　石井大一朗編著　一〇〇〇円
4. 地元コミュニティの水を飲もう ―ポストコロナ時代のまちづくりの構想　鳥越　皓之　一〇〇〇円
5. 熟議するコミュニティ　伊藤　雅春　一〇〇〇円
6. 子ども会と地域コミュニティの関係を考える　コミュニティ政策学会中部支部　一〇〇〇円
7. 新たな時代への地域運営組織を考える ―守る・攻める・創る　江の川流域の取組から　コミュニティ政策学会 中国地域研究支部編集委員会　一〇〇〇円
8. まちづくりにおける「対話型市民参加」政策の見た夢と到達点 ―京都市二〇一〇年代の「カフェ型事業」の経験から　谷　亮治・深川光耀・北川洋一 江藤慎介・篠原幸子・乾　亨　一〇〇〇円

コミュニティ政策叢書

1. 日本コミュニティ政策の検証 ―自治体内分権と地域自治へ向けて　山崎仁朗編著　四六〇〇円
2. 高齢者退職後生活の質的創造 ―アメリカ地域コミュニティの事例　加藤　泰子　三七〇〇円
3. 原発災害と地元コミュニティ ―福島県川内村奮闘記　鳥越皓之編著　三六〇〇円
4. 自治体行政と地域コミュニティの関係性の変容と再構築 ―「平成大合併」は地域に何をもたらしたか　役重　眞喜子　四二〇〇円
5. さまよえる大都市・大阪 ―「都心回帰」とコミュニティ　鯵坂学・徳田剛・西村雄郎・丸山真央 編著　三八〇〇円
6. 地域のガバナンスと自治 ―平等参加・伝統主義をめぐる宝塚市民活動の葛藤　田中　義岳　三四〇〇円
7. 地域自治の比較社会学―日本とドイツ　山崎　仁　朗　五四〇〇円
8. 米国地域社会の特別目的下位自治体 ―生活基盤サービスの住民参加実際のガバナンス　前山　総一郎　三六〇〇円
9. 住民自治と地域共同管理　中田　実　三四〇〇円
10. 自治体内分権と協議会 ―革新自治体・平成の大合併・コミュニティガバナンス　三浦　哲司　三二〇〇円
11. 神戸市真野地区に学ぶこれからの「地域自治」 ―地域のことは地域で決める、地域の者は地域で守る　乾　亨　五二〇〇円

※定価：表示価格（本体）＋税

〒113-0023　東京都文京区向丘 1-20-6　TEL 03-3818-5521　FAX03-3818-5514
Email tk203444@fsinet.or.jp　URL:http://www.toshindo-pub.com/

東信堂

- 自治と参加の理論—住民投票制度と辺野古争訟を中心として　武田真一郎　四六〇〇円
- 異説・行政法—後衛の山から主峰を望む　武田真一郎　三二〇〇円
- 吉野川住民投票—市民参加のレシピ　武田真一郎　一八〇〇円
- 生協共済の未来へのチャレンジ　公益財団法人 生協総合研究所 生協共済研究会　二三〇〇円
- 二〇五〇年 新しい地域社会を創る—「集いの館」構想と生協の役割　生協総合研究所編　一五〇〇円
- 歴史認識と民主主義深化の社会学　庄司興吉編著　四二〇〇円
- 主権者の社会認識—自分自身と向き合う　庄司興吉　二六〇〇円
- 主権者の協同社会へ—新時代の大学教育と大学生協　庄司興吉　二四〇〇円
- 地球市民学を創る—地球社会の危機と変革のなかで　庄司興吉編著　三二〇〇円
- 社会学の射程—ポストコロニアルな地球市民の社会学へ　庄司興吉　三二〇〇円
- 社会的自我論の現代的展開　船津衛　二四〇〇円
- 組織の存立構造論と両義性論—社会学理論の重層的探究　舩橋晴俊　二五〇〇円
- 階級・ジェンダー・再生産—現代資本主義社会の存続メカニズム　橋本健二　三二〇〇円
- 現代日本の階級構造—理論・方法・計量分析　橋本健二　四五〇〇円
- 自立支援の実践知—阪神・淡路大震災と共同・市民社会　似田貝香門編　三八〇〇円
- 〔改訂版〕ボランティア活動の論理—ボランタリズムとサブシステンス　西山志保　三六〇〇円
- 自立と支援の社会学—阪神大震災とボランティア　佐藤恵　三二〇〇円
- NPO実践マネジメント入門（第3版）　パブリックリソース財団編　二八〇〇円
- 現代行政学とガバナンス研究　堀雅晴　二八〇〇円
- 個人化する社会と行政の変容—情報、コミュニケーションによるガバナンスの展開　藤谷忠昭　三八〇〇円
- コミュニティワークの教育的実践　高橋満　二〇〇〇円
- NPOの公共性と生涯学習のガバナンス　高橋満　二八〇〇円

※定価：表示価格（本体）＋税

〒113-0023 東京都文京区向丘 1-20-6　TEL 03-3818-5521　FAX03-3818-5514
Email tk203444@fsinet.or.jp　URL:http://www.toshindo-pub.com/

東信堂

居住福祉新ブックレット

①居住福祉を学ぶ—居住福祉教育課程の構想	岡本祥浩	一二〇〇円
②ふるさとの原風景をふたたび—歴史遺産を活かした地域づくり	黒田睦子	一二〇〇円
③ウトロ・強制立ち退きとの闘い	斎藤正樹	一二〇〇円
④地域を基盤とした福祉のしくみ—イタリアの取り組みから	野村恭代	一〇〇〇円

〈居住福祉ブックレット〉

居住福祉資源発見の旅：新しい福祉空間、懐かしい癒しの場	早川和男	七〇〇円
どこへ行く住宅政策：進む市場化、なくなる居住のセーフティネット	本間義人	七〇〇円
漢字の語源にみる居住福祉の思想	李桓	七〇〇円
日本の居住政策と障害をもつ人	大本圭野	七〇〇円
障害者・高齢者と麦の郷のこころ：住民、そして地域とともに	伊藤静美・田中秀樹・加藤直人	七〇〇円
地場工務店とともに：健康住宅普及への途	山本里見	七〇〇円
子どもの道くさ	水月昭道	七〇〇円
居住福祉法学の構想	吉田邦彦	七〇〇円
奈良町の暮らしと福祉：市民主体のまちづくり	黒田睦子	七〇〇円
精神科医がめざす近隣力再建：進む「子育て」砂漠化、はびこる「付き合い拒否」症候群	中澤正夫	七〇〇円
住むことは生きること：鳥取県西部地震と住宅再建支援	片山善博	七〇〇円
最下流ホームレス村から日本を見れば	ありむら潜	七〇〇円
世界の借家人運動：あなたは住まいのセーフティネットを信じられますか？	髙島一夫	七〇〇円
「居住福祉学」の理論的構築	柳中権・張秀萍	七〇〇円
居住福祉資源発見の旅II：地域の福祉力・教育力・防災力	早川和男	七〇〇円
居住福祉の世界：早川和男対談集	早川和男	七〇〇円
医療・福祉の沢内と地域演劇の湯田：岩手県西和賀町のまちづくり	高橋典成・金持伸子	七〇〇円
「居住福祉資源」の経済学	神野武美	七〇〇円
長生きマンション・長生き団地	千代崎一夫・山下千佳	八〇〇円
高齢社会の住まいづくり・まちづくり	蔵田力	七〇〇円
シックハウス病への挑戦：その予防・治療・撲滅のために	後藤三郎・迎田允武	七〇〇円
韓国・居住貧困とのたたかい：居住福祉の実践を歩く	全泓奎	七〇〇円
精神障碍者の居住福祉：宇和島における実践（二〇〇六～二〇一一）	財団法人正光会編	七〇〇円

※定価：表示価格（本体）＋税　〒113-0023　東京都文京区向丘 1-20-6　TEL 03-3818-5521　FAX03-3818-5514
Email tk203444@fsinet.or.jp　URL:http://www.toshindo-pub.com/

東信堂

蔑まれし者たちの時代—現代国際関係の病理	ベルトランド・バディ著 福富満久訳	二四〇〇円
サステナビリティ変革への加速	国際基督教大学社会科学研究所 上智大学グローバル・コンサーン研究所 編	二七〇〇円
緊迫化する台湾海峡情勢—台湾の動向二〇一九～二〇二一年	門間理良	三六〇〇円
ウクライナ戦争の教訓と日本の安全保障	神余隆博 松村五郎 著	一八〇〇円
「ソ連社会主義」からロシア資本主義へ—ロシア社会と経済の100年	岡田進	三六〇〇円
パンデミック対応の国際比較	川上高司 石井貫太郎 編著	二〇〇〇円
リーダーシップの政治学	石井貫太郎	一六〇〇円
2008年アメリカ大統領選挙—オバマの当選は何を意味するのか	吉野孝 前嶋和弘 編著	二〇〇〇円
オバマ政権はアメリカをどのように変えたのか—支持連合・政策成果・中間選挙	吉野孝 前嶋和弘 編著	二六〇〇円
オバマ政権と過渡期のアメリカ社会—選挙、政党、制度、メディア、対外援助	吉野孝 前嶋和弘 編著	二四〇〇円
オバマ後のアメリカ政治—二〇一二年大統領選挙と分断された政治の行方	吉野孝 前嶋和弘 編著	二五〇〇円
危機のアメリカ「選挙デモクラシー」—社会経済変化からトランプ現象へ	吉野孝 前嶋和弘 編著	二七〇〇円
ホワイトハウスの広報戦略—大統領のメッセージを国民に伝えるために	M・J・クマー著 吉牟田剛訳	二八〇〇円
「帝国」の国際政治学—冷戦後の国際システムとアメリカ	山本吉宣	四七〇〇円
国際関係入門—共生の観点から	黒澤満編	一八〇〇円
国際共生とは何か—平和で公正な社会へ	黒澤満編	二〇〇〇円
国際共生と広義の安全保障	黒澤満編	二〇〇〇円
現代アメリカのガン・ポリティクス	鵜浦裕	二〇〇〇円
暴走するアメリカ大学スポーツの経済学	宮田由紀夫	二六〇〇円
グローバル化と地域金融	内田真人 福光寛 編著	三二〇〇円
現代国際協力論—学融合による社会科学の試み	柳田辰雄編著	三二〇〇円

※定価：表示価格（本体）＋税

〒113-0023　東京都文京区向丘 1-20-6　TEL 03-3818-5521　FAX03-3818-5514
Email tk203444@fsinet.or.jp　URL:http://www.toshindo-pub.com/

東信堂

ベーシック条約集〔二〇二四年版〕	編集代表 浅田正彦	二七〇〇円
ハンディ条約集〔第2版〕	編集代表 浅田正彦	一六〇〇円
国際法〔第5版〕	浅田正彦編著	三〇〇〇円
国際環境条約・資料集	編集 松井・富岡・田中・薬師寺・坂元・高村・西村	八六〇〇円
国際人権条約・宣言集〔第3版〕	編集 松井・薬師寺・坂元・小畑・徳川	三八〇〇円
国際機構条約・資料集〔第2版〕	編集 香西 茂 代表 安藤仁介	三二〇〇円
判例国際法〔第3版〕	編集 薬師寺・坂元・ 代表 浅田・酒井	三九〇〇円
国際法新講〔上〕〔下〕	田畑茂二郎	〔上〕二九〇〇円 〔下〕二七〇〇円
ウクライナ戦争をめぐる国際法と国際政治経済	浅田正彦・玉田大 編著	二六〇〇円
現代国際法の潮流Ⅰ・Ⅱ【坂元茂樹・薬師寺公夫両先生古稀記念論集】	編集 浅田・桐山・徳川・西村・樋口	各八四〇〇円
21世紀の国際法と海洋法の課題	編集 松井・富岡・坂元・薬師寺・桐山・西村	七八〇〇円
国際海洋法の現代的形成	田中則夫	六八〇〇円
在外邦人の保護・救出―朝鮮半島と台湾海峡有事への対応	武田康裕編著	四二〇〇円
条約法の理論と実際〔第2版〕	坂元茂樹	七〇〇〇円
国際法で読み解く外交問題	坂元茂樹	二八〇〇円
国際海峡	坂元茂樹編著	四六〇〇円
グローバル化する世界と法の課題	編集 松井芳郎・木棚照一・薬師寺公夫・山形英郎	八二〇〇円
現代国際法の思想と構造Ⅰ―歴史、国家、機構、条約、人権	編集 松田竹男・田中則夫・薬師寺公夫・坂元茂樹	六二〇〇円
現代国際法の思想と構造Ⅱ―環境、海洋、刑事、紛争、展望	編集 松田竹男・田中則夫・薬師寺公夫・坂元茂樹	六八〇〇円
日中戦後賠償と国際法	浅田正彦	五二〇〇円
国際環境法の基本原則	松井芳郎	三八〇〇円
大量破壊兵器と国際法	阿部達也	五七〇〇円
サイバーセキュリティと国際法の基本―国連における議論を中心に	赤堀 毅	二〇〇〇円

国際法・外交ブックレット

為替操作、政府系ファンド、途上国債務と国際法	中谷和弘	一〇〇〇円
イランの核問題と国際法	浅田正彦	一〇〇〇円
もう一つの国際仲裁	中谷和弘	一〇〇〇円
化学兵器の使用と国際法―シリアをめぐって―	浅田正彦	一〇〇〇円
国際刑事裁判所―国際犯罪を裁く―	尾﨑久仁子	一〇〇〇円
気候変動問題と国際法	西村智朗	一〇〇〇円

※定価：表示価格（本体）＋税

〒113-0023　東京都文京区向丘 1-20-6　TEL 03-3818-5521　FAX03-3818-5514
Email tk203444@fsinet.or.jp　URL:http://www.toshindo-pub.com/

東信堂

生きること、そして哲学すること	松永澄夫	二六〇〇円
想像のさまざま—意味世界を開く	松永澄夫	七六〇〇円
感情と意味世界	松永澄夫	二八〇〇円
経験のエレメント—体の感覚と物象の知覚・質と空間規定	松永澄夫	四六〇〇円
価値・意味・秩序—もう一つの哲学概論：哲学が考えるべきこと	松永澄夫	三九〇〇円
哲学史を読むⅠ・Ⅱ	松永澄夫	各三八〇〇円
ひとおもい 創刊号〜6号	木田直人・鈴木泉・乗立雄輝・松永澄夫 編集	各二五〇〇円 4号二七〇〇円
戯曲 母をなくして	松永澄夫	一八〇〇円
或る青春	松永澄夫	一八〇〇円
幸運の蹄鉄—時代	松永澄夫	二〇〇〇円
社会秩序とその変化についての哲学	伊多波宗周	二七〇〇円
メンデルスゾーンの形而上学—また一つの哲学史	藤井良彦	四二〇〇円
概念と個別性—スピノザ哲学研究	朝倉友海	四六四〇円
〈現われ〉とその秩序—メーヌ・ド・ビラン研究	村松正隆	三八〇〇円
省みることの哲学—ジャン・ナベール研究	越門勝彦	三二〇〇円
ミシェル・フーコー—批判的実証主義と主体性の哲学	手塚博	三二〇〇円
（哲学への誘い—新しい形を求めて 全5巻）		
哲学の立ち位置	松永澄夫・鈴木泉 編	三二〇〇円
哲学の振る舞い	松永澄夫・村瀬鋼 編	三二〇〇円
社会の中の哲学	松永澄夫・高橋克也 編	三二〇〇円
世界経験の枠組み	松永澄夫・伊佐敷隆弘 編	三二〇〇円
自己	松永澄夫・浅田淳一 編	三二〇〇円
食を料理する—哲学的考察（増補版）	松永澄夫	二八〇〇円
言葉の力（音の経験・言葉の力第Ⅰ部）	松永澄夫	二五〇〇円
音の経験（音の経験・言葉の力第Ⅱ部）—言葉はどのようにして可能となるのか	松永澄夫	二八〇〇円
言葉は社会を動かすか	松永澄夫編	二三〇〇円
言葉の働く場所	松永澄夫編	二三〇〇円
言葉の歓び・哀しみ	松永澄夫・編	二三〇〇円
環境 安全という価値は…	松永澄夫編	二〇〇〇円
環境 設計の思想	松永澄夫編	二三〇〇円
環境 文化と政策	松永澄夫編	二三〇〇円

※定価：表示価格（本体）＋税

〒113-0023 東京都文京区向丘1-20-6 TEL 03-3818-5521 FAX03-3818-5514
Email tk203444@fsinet.or.jp URL:http://www.toshindo-pub.com/

東信堂

書名	著者	定価
オックスフォード キリスト教美術・建築事典	P&L・マレー著 中森義宗監訳	三〇〇〇〇円
イタリア・ルネサンス事典	J・R・ヘイル編 中森義宗監訳	七八〇〇円
美術史の辞典	P・デューロ他 中森義宗・清水忠訳	三六〇〇円
涙と眼の文化史—中世ヨーロッパの標章と恋愛思想	徳井淑子	三六〇〇円
青を着る人びと	伊藤亜紀	三五〇〇円
社会表象としての服飾—近代フランスにおける異性装の研究	新實五穂	三六〇〇円
病と芸術—「視差」による世界の変容	中村高朗編著	一八〇〇円
象徴主義と世紀末世界	中村隆夫	二六〇〇円
イギリスの美、日本の美—ラファエル前派と漱石、ビアズリーと北斎	河村錠一郎	二六〇〇円
美を究め美に遊ぶ—芸術と社会のあわい	江藤光紀・荻野厚志・田中佳編著	二八〇〇円
バロックの魅力	小穴晶子編	二六〇〇円
新版 ジャクソン・ポロック	藤枝晃雄	二六〇〇円
西洋児童美術教育の思想—ドローイングは豊かな感性と創造性を育むか?	要真理子・前田茂監訳	三六〇〇円
ロジャー・フライの批評理論—知性と感受性の間で	要真理子	四二〇〇円
レオノール・フィニ—境界を侵犯する新しい種	尾形希和子	二八〇〇円
〈世界美術双書〉		
バルビゾン派	井出洋一郎	二〇〇〇円
キリスト教シンボル図典	中森義宗	二三〇〇円
パルテノンとギリシア陶器	関隆志	二三〇〇円
中国の版画—唐代から清代まで	小林宏光	二三〇〇円
象徴主義—モダニズムへの警鐘	中村隆夫	二三〇〇円
中国の仏教美術—後漢代から元代まで	久野美樹	二三〇〇円
セザンヌとその時代	浅野春男	二三〇〇円
日本の南画	武田光一	二三〇〇円
画家とふるさと	小林忠	二三〇〇円
ドイツの国民記念碑—一八一三—一九一三年	大原まゆみ	二三〇〇円
日本・アジア美術探索	永井信一	二三〇〇円
インド、チョーラ朝の美術	袋井由布子	二三〇〇円
古代ギリシアのブロンズ彫刻	羽田康一	二三〇〇円

※定価：表示価格（本体）＋税

〒113-0023　東京都文京区向丘 1-20-6　TEL 03-3818-5521　FAX03-3818-5514
Email tk203444@fsinet.or.jp　URL:http://www.toshindo-pub.com/